宗教決断の時代

目からウロコの宗教選び①

RYUHO OKAWA
大川隆法

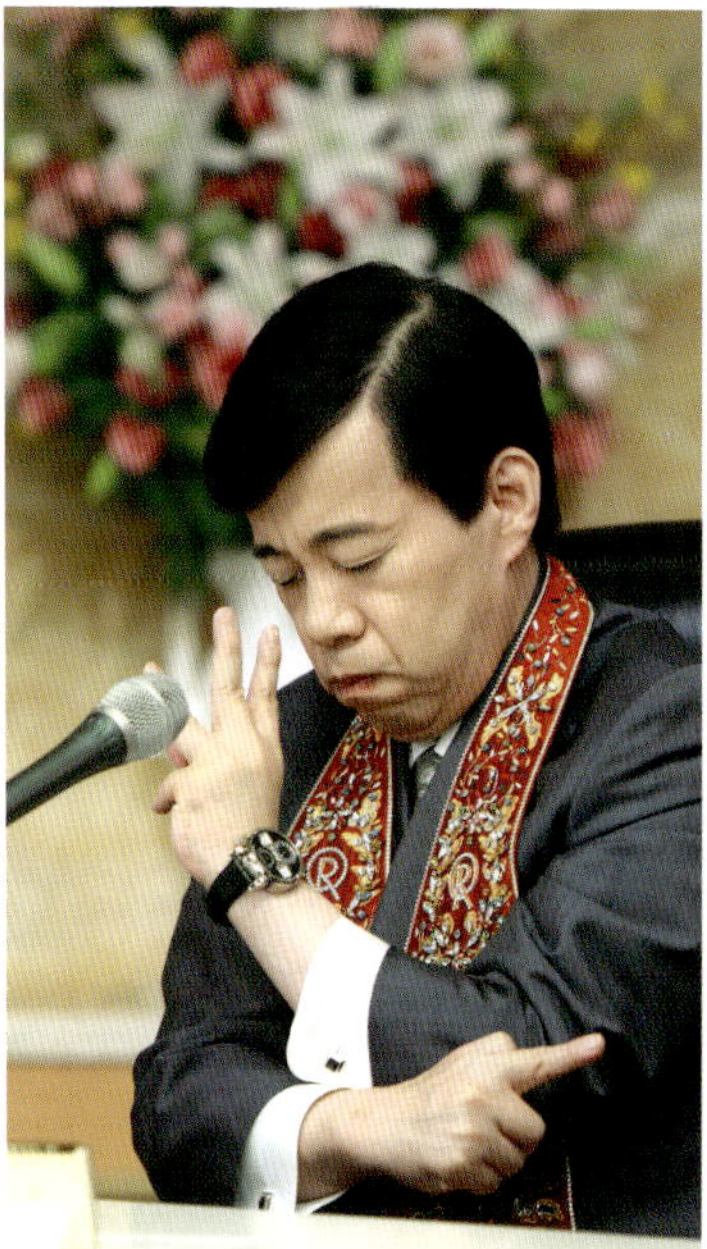

「文鮮明守護霊の霊言」と「牧口常三郎の霊言」は、2010年8月31日、幸福の科学総合本部にて、質問者との対話形式で公開収録された。

まえがき

宗教家が、宗教の正邪《せいじゃ》について語ることは、つらい仕事であり、ましてや、後発《こうはつ》の宗教の立場で先発《せんぱつ》の宗教についてあれこれと述べても、嫉妬か、教団の広報宣伝ぐらいにしか見えないことだろう。

新宗教学者の多数も、価値判断を避けて、フィールド・ワーク的な作業しかしていない現状で、たまに「価値判断」をして下さると、オウム真理教を強力に応援して、幸福の科学をやっつけてやろうとする手合いの者が出て来る始末《しまつ》だ。

霊的真相を知り、神仏の心をもって正邪の判断を下《くだ》すことは、この世の裁判以上に難しいことだろう。

本書では、統一協会教祖・文鮮明《ぶんせんめい》氏の守護霊と、創価学会初代会長・牧口常三郎《まきぐちつねさぶろう》氏の霊言が登場する。

私自身は、客観的で、公正な眼で真実を伝えたつもりだ。信仰は奪うべきものではない。しかし、今世、来世ともに責任が生ずるものであることを忘れてはなるまい。

二〇一〇年　九月九日

幸福《こうふく》の科学《かがく》グループ創始者兼総裁《そうししゃけんそうさい》　大川隆法《おおかわりゅうほう》

宗教決断の時代　目次

第1章　統一協会教祖の正体

――文鮮明守護霊の霊言――

二〇一〇年八月三十一日　霊示

第2章　創価学会の源流を探る

――牧口常三郎の霊言――

二〇一〇年八月三十一日　霊示

第1章

統一協会教祖の正体

――文鮮明守護霊《ぶんせんめいしゅごれい》の霊言《れいげん》――

二〇一〇年八月三十一日の霊示

文鮮明《ぶんせんめい》（一九二〇〜）

韓国《かんこく》の宗教家で、「世界基督教統一神霊協会《せかいキリストきょうとういつしんれいきょうかい》」（統一協会または統一教会）の教祖。『聖書』の解釈書《かいしゃくしょ》『原理講論』を著《あらわ》し、「キリストの再臨」を自称《じしょう》しているが、教団は霊感商法や合同結婚式《けっこんしき》、マインドコントロール（洗脳）などで批判を受けている。『青春に贈《おく》る』（大川隆法著、幸福の科学出版刊）では、地獄《じごく》の二匹《ひき》の毒グモが教祖夫妻を霊的に指導していることが明らかにされている。

［質問者はAと表記］

1 幸福の科学と他の宗教の違《ちが》いを探る

国民には、幸福の科学と統一協会とが同じように見えている

大川隆法　今日は、「文鮮明守護霊《しゅごれい》・牧口常三郎《まきぐちつねさぶろう》・庭野日敬《にわのにっきょう》の霊言」を録《と》りたいと思いますが、三人目に行き着くかどうか、必ずしも自信がありません。途中《とちゅう》で霊人に頑張《がんば》られて話が長引くと、三人目まで行かずに終わってしまうかもしれません（「庭野日敬の霊言」は、翌九月一日の収録となった）。

昨日聴《きのうき》いた話なのですが、広告代理店の意見によると、「幸福の科学は、イメージ戦略において、まだ他《た》の宗教との違《ちが》いが鮮明になっておらず、国民には届いていないと思われる」とのことでした。

はっきりと言えば、広告代理店が調べてみたところ、「幸福の科学に対するイメ

ージや支持率は統一協会と同じぐらいである」という結果が出て、「幸福の科学は、国民に、両者の違いを説明できていないし、理解してもらっていません」というような指摘《してき》を受けたのです。

当会のほうでは、他の宗教とは違っているつもりでいたのですが、それは主観的なものにすぎず、外部からは、そうは見えないのかもしれません。

広告代理店からは、「会社というものは、どこも、主観的には、『自分たちの会社は、よいものをつくっている』などと思っているものですが、『消費者、買うほうの側の意見のほうが一般的《いっぱんてき》には正しい』と思って分析《ぶんせき》し、判断をして、どうすべきかを考えるべきです」というような意見をいただきました。

当会と統一協会とが同じように見えているのであれば、そのへんをもう少し分析してみる必要があると思います。

統一協会は韓国《かんこく》が母体ですけれども、統一協会では、教祖の文鮮明は、「キリストの再臨」「キリストの生まれ変わり」ということになっています。

それから、統一協会というだけあって、「世界の宗教を統合して、神の国をつくるのだ」というようなことを言っています。

当会は「仏陀再誕《ぶっださいたん》」や「諸宗教の統合」を説いているので、キリストと仏陀の違いはあるものの、確かに、似ていると言えば似ているかもしれません。

また、統一協会は、政治的には右翼的《うよくてき》思想であり、「勝共連合《しょうきょう》」というものをつくって政治的な活動もしています。自民党のタカ派議員のところにも、そうとう入り込《こ》んでいましたし、選挙のときには、ずいぶん手伝ったりしていたはずです。右翼言論人のところにも、かなり手伝いに行っていたようです。

一方、当会は幸福実現党を創立し、保守的な思想の下《もと》で政治活動をしています。

これらを総合すると、「国民には、幸福の科学と統一協会とが、ほとんど同じように見えている」という統計が、あるいは客観的なものなのかもしれないのです。

当会は統一協会について深く言及《げんきゅう》したことはないので、一度、検証は要《い》ると思います。

一九九一年に当会が日本国中で知られるようになったとき、ほかの宗教も、それに便乗して表に出てきました。例えば、そうとう追い込まれていたオウムが、また勢いづき、急に表に出てきたりもしました。

九二年には、この統一協会が、当会を見て、「宗教がテレビに出てもよい時代なのだ」と思ってテレビに出たり、当会のまねをしてデモをやったりしましたが、同時に、合同結婚式《けっこんしき》と絡《から》めた〝純潔運動〟など、いろいろなことをしたため、マスコミから、かなりバッシングを受けました。

ただ、マスコミは、各宗教に関して、「どこが、どう違うのか、よく分からない」という状態ではあったと思います。「オウムと幸福の科学の違いが分からなかったけれども、幸福の科学と統一協会の違いも、それほど分からなかった」ということであったと思うのです。

結論的に見ると、「宗教においては、一つの団体の評判が上がるときには、他の団体もみな評判が上がり、一つの団体の評判が下がるときには、他の団体もみな評判が下がる」ということが言えます。

当会が注目され、評判が上がると、ほかの宗教も評判が上がりましたが、例えば、オウムならオウムがバッシングをされて評判が下がると、「オウムは間違っている」と言って批判していた当会の評判までが一緒《いっしょ》に下げられてしまいました。

そういうことが連動して起きているのが現状です。これは非常に難しい問題です。

他の宗教に関して、公平な立場で真実の探究を行いたい

長年の歴史を経て、今の日本では、「宗教、相争《あいあらそ》わず」ということが、だんだん不文律のようになってきています。「宗教同士が争っても、よいことはない」ということが経験的に分かってきているようなのです。

宗教同士が互《たが》いに教義を覗《のぞ》き合ったならば、やはり相手の教義がおかしく見えるらしいので、他の宗教の教義については、あまり言わないようになってきています。「大人のレベルで共存している」ということがあるわけです。

確かに、宗教には厳しいところがあって、純粋化《じゅんすいか》していくと、他との対立が激しくなってきます。

キリスト教でも、ルターなどが新教（プロテスタント）を起こしたときには、旧教（カトリック）との間で、激しい対立が生じました。町によっては、人口が半分や三分の一になるほど、すごい殺し合いもあったらしいのです。この人口減少はペストの流行時に近く、「ペストか、宗教戦争か」というぐらいの激しさです。

今、われわれから見て、カトリックとプロテスタントは、もちろん違いはありましょうけれども、そうは言っても、それほど大きく違うようには見えません。『聖書』に基《もと》づき、イエスの教えを信じているところは変わらないので、信仰《しんこう》や活動の形態が少し違うぐらいのことでしょう。しかし、当時のカトリックから見れば、プロテスタントは許しがたいものだったのだろうと思います。

カトリックは教会を中心にして布教していましたが、ルターたちは後発であり、教会を持てなかったので、インフラ中心の布教ができず、印刷技術の発達を利用して、『聖書』中心型の布教をしました。彼らのしたことは、おそらく、今で言うと無教会派のようなものでしょう。

ただ、その新教も、今では建物を数多く持っている状況《じょうきょう》です。

ルター以降、キリスト教の宗派は数多く出てきていますが、昔ほど異端審問《いたんしんもん》がきつくはないものの、だいたい弾圧《だんあつ》されたことがあると思います。

このように、「宗教のなかで互いに善悪や是非《ぜひ》を問う」ということは非常に難しい問題をはらんでいるため、気をつけなくてはいけないと私も思ってはいます。

したがって、今回は、できるだけ公平な立場に立ち、ジャーナリスティックな意味において、「真実は、どういうところにあるのだろうか」ということを探究できればと思っています。

最初に、統一協会教祖・文鮮明の守護霊《しゅごれい》を招霊《しょうれい》する

今日、霊言《れいげん》を予定している人たちは、みな、公称《こうしょう》で数百万人の教団をつくった

人たちなので、そうとう力があるはずであり、本当は当会の弟子《でし》一人ぐらいで太刀打ちできる相手ではないと推定されます。

質問をしても、見事に、けむに巻かれるか、はぐらかされるか、逆に折伏《しゃくぶく》をされるか、尻尾《しっぽ》をつかめないままで終わるか、すごい対決で終わりになるか、大人の態度でスラリと逃《に》げられてしまうか、どうなるかは分からないところがあります。

そこで、「ある宗教について、最終的な判定までは、なかなかできるものではない」という前提の下に、ある程度、いろいろな質問を投げかけ、「当会と違いがあるか。同じか。違いがある場合、それは正邪《せいじゃ》の問題なのか。それとも、宗教としての種類の違いの問題なのか」という点について感触《かんしょく》を探れたならば、それで十分でしょう。

いずれにしても、難しいとは思います。

文鮮明氏は一九二〇年生まれだと思うので、今、九十歳《さい》ぐらいでしょう。まだ、「死んだ」という新聞報道を見ていないので、おそらく生きているだろうと思われます。そこで、守護霊《しゅごれい》のほうを呼んでみます。

私が、この人の守護霊を呼んだことは、これまでなかったので、どうなるかは分かりません。場合によっては、最初の一人の霊言だけで、今日の収録は終わりになる可能性もあります。

ただ、話の内容に納得がいかなければ、納得がいくまで訊《き》いてほしいと思いますし、質問者が一名だけでは不十分なのであれば、別の〝チャレンジャー〟を繰《く》り出して訊いてみるべきだと思っています。

決して、裁いたり、敵対したりする気があるわけではないのですが、当会と統一協会とが「似ている」と言われている以上、いちおう、違いがあるかないかを調べてみる必要はあるでしょう。公開霊言であり、大勢の人が見ているので、観客の目で見て、そのへんの判定は可能ではないかと思います。

もっとも、統一協会には、公称で二百万人ぐらいの信者がおり、日本国内の信者数も公称で四十数万人なので、教祖には、そこそこの力はあるだろうと思います。

また、「一般の日本人からは、当会と統一協会とは、ほとんど同じに見えており、犯罪的なものの摘発のされ方が違うぐらいにしか思われていないのではないか」と感じられるところもあるのです。

では、本邦《ほんぽう》初公開ですが、文鮮明氏の守護霊を呼んでみます。

（質問者に）いいですか。大丈夫《だいじょうぶ》ですか。

霊が私に降りてくると、もしかしたら、私は、やや、〝すごい感じ〟になるかもしれません。そうなった場合には許してください。教祖殿《きょうそでん》・大悟館《たいごかん》では、多少、そのような状態になることもあります。ただ、総合本部のほうでは、あまりひどいものを見せたことはないのですが、今日は、どうなるかは分かりません。

もし質問者に力が足りないようであれば、理事長など、ほかの人が加勢するなりしてみてください。

統一協会は、いちおう世界的な教団になっているので、教祖である文鮮明氏の守護霊との対話は、それほど簡単なものであるはずはないと思います。

2　質問者の魂《たましい》をからめ捕《と》ろうとする文鮮明守護霊《しゅごれい》

大川隆法　では、始めるに当たり、幸福の科学守護《しゅご》・指導霊団《しどうれいだん》に、ご加護のほどをお願いします。

（瞑目《めいもく》し、合掌《がっしょう》する）

幸福の科学守護・指導霊団よ。本日の霊現象を行うに当たりまして、われらを、ご守護、ご加護くださいますことを、どうか、お願い申し上げます。

幸福の科学守護・指導霊団よ。本日の霊現象を行うに当たりまして、われらを守護・指導したまいて、結界のなかにおいてお護《まも》りくださいますことを、どうか、お願い申し上げます。

ありがとうございます。

それでは、統一協会教祖・文鮮明氏の守護霊を呼んでみます。

（深呼吸を六回する）

統一協会の創始者にして教祖・文鮮明氏の守護霊よ。

願わくは、幸福の科学総合本部に来たまいて、われらに、その思うところ、考えるところ、宗教として宣《の》べ伝えるところがあるならば、それを明らかにしていただきたいと思います。

統一協会の創始者にして教祖・文鮮明氏の守護霊よ。

願わくは、幸福の科学にご降臨たまいて、われらに、あなたの本心、あなたの教団の基本的な考え方、あなたがたから見た幸福の科学の姿や、あり方についての意見等、さまざまございましたら、それをお伝えくださいますことを、お願い申し上げます。

（約二分間の沈黙《ちんもく》）

質問者に網《あみ》を放ち、縛《しば》り上げるポーズをとる

文鮮明守護霊　（激しい息遣《づか》いとともに、左右の手で、交互《こうご》に網《あみ》を放ち、それを手《た》繰《ぐ》り寄せるようなポーズをとる）

A――　統一協会創始者である、文鮮明さんの守護霊でいらっしゃいますか。

文鮮明守護霊　んー、んー……（うなりながら、両腕《りょううで》を上げ、それを交差させたり開いたりして、何らかの修法《しゅうほう》のようなポーズをとり始める）。

A――　文鮮明さんの守護霊でいらっしゃいますか。

文鮮明守護霊　んんー、んんんんんー、んんんんんー……。

A――　私たちが、今、探究しております、宗教の真実を、お教えいただければ幸いですが……。

文鮮明守護霊　んんんんんー、んんんんんー……（両腕を十字に構え始める）。

A――　お答えいただけますでしょうか。

文鮮明守護霊　んんんんんー……（大きな咳《せき》をする）。

A――　お教えくだされば幸いなのですが、お答えいただくことはできますでしょうか。

文鮮明守護霊　んんんんんんー、んんんんんんん、んんんんんんん……（両腕の十字を解き、両手で顔の前に握《にぎ》りこぶしをつくる）。

A――　よろしいですか。

文鮮明守護霊　トオオオオオ！　（握っていた両手のうち右の掌《てのひら》を勢いよく差し出し、網を放つようなポーズをとる）

Ａ――　今、クモの糸か何か分かりませんが、修法をされたと思いますけれども、それはそれとしまして、ぜひ、お話し合いをしたいと思っております。よろしいでしょうか。

文鮮明守護霊　（網を手繰り寄せ、獲物《えもの》を縛《しば》り上げるようなポーズをとる）

Ａ――　何とぞ、よろしくお願いしたいと思います。

文鮮明守護霊　（再度、右手で網を放ったあと、それを手繰り寄せるポーズをとる。次に、左手で網を放ったあと、それを手繰り寄せるポーズをとる）

Ａ――　それは修法でしょうか。統一協会教祖・文鮮明さんの守護霊としての修法でしょうか。ぜひ、言葉にて、お答えいただければと思います。

文鮮明守護霊　んんー……。

A――　いかがでしょう。

文鮮明守護霊　んんんー、んんー、おまえのような悪しき者を、そのまま放置するわけにはいかないので、今、縛りあげておるところだ。

A――　そうですか（苦笑）。

文鮮明守護霊　逃《に》がさんぞ。

A――　え？

文鮮明守護霊　逃がさないぞ。今、もう縛り上げたから、おまえは逃げられない。

Ａ――　そうですか。けっこう、自由に動きますけれども……。

文鮮明守護霊　いや、逃がさない。逃げることはできない。おまえの魂《たましい》は、からめ捕《と》った。もう、逃げることはできない。

Ａ――　はい、そうですか。

文鮮明守護霊　うん。肉体のみが生きているだけだ。

Ａ――　そうですか……。

文鮮明守護霊　わしの許しがなければ、おまえは自由にはなれない。

質問者の心のなかに、六本の刃《やいば》を見る

Ａ――　こちらは、幸福の科学総合本部と言いまして、実は霊場《れいじょう》でございます。

そのようなお力も拝見できてありがたいのですが、ぜひ、言葉にて対話させていただきたいと願っております。
どうか一つ、ご指導をよろしくお願いいたします。

文鮮明守護霊　おまえの心のなかに、刃《やいば》があるのだ。

A――　刃ですか。

文鮮明守護霊　そうだ。

A――　どのような刃ですか。

文鮮明守護霊　言葉を語る前に、おまえの心のなかを見よ。刃があるであろうが。「その刃が失礼だ」と言うておるのだ。だから、おまえのその刃を、わしは今、巻き上げようとしておるのだ。それが分からんのか。

Ａ――　それでは、私の刃を、いったん鞘《さや》に納めさせていただきたいと思います。

文鮮明守護霊　下げよ！　その刃を下げなさい。失礼であろうが。

Ａ――　それでは、これより、対話という方法にて、お考えの内容を教えていただきたいと思います。

文鮮明守護霊　嘘《うそ》を申せ。おまえの胸のなかからは、刃が六本も突《つ》き出とるわ。

Ａ――　そうですか。六本ですか。

文鮮明守護霊　六本出ておる。引っ込めろ。

Ａ――　分かりました。一、二、三、四、五、六、全部納めさせていただきます。たいへん失礼しました。

文鮮明守護霊　〝宗教指導者〟に対しては、もっと敬意を払《はら》いなさい。

A――　分かりました。

文鮮明守護霊　おまえのような下々《しもじも》の者が、直接に話ができるような相手だと思うておるのか。だから、その刃でもって、わしを批判しようと思うようなその心が、浅はかだと言うておるのだ。

3 統一協会の教義に対する疑問

人間は、みな〝悪魔《あくま》の子〟なのか

A――　実は、私は、二十数年前になりますが、御茶ノ水《おちゃのみず》で、統一協会と知らずに、あなたの説《と》かれている『原理講論』という教典《きょうてん》に基《もと》づいたビデオセミナーに参加したことがあり、六本か七本ほど、ビデオを拝見したことがございます。

文鮮明守護霊　そうか。

A――　はい。そのときに、統一協会とは言っておりませんでしたけれども、ビデオのなかで、シュヴァイツァー博士やマザー・テレサなど、さまざまな偉人《いじん》の方々の映像が流れ、そうした偉人の研究から始まって、『聖書』の解説のような内容を語っていたことを思い出しました。
その節は……。

文鮮明守護霊　なぜ入信しなかった？

A――　ビデオでは、「これは、キリスト教という教義ではなくて、精神的なもの、スピリチュアル的なものである」というように言われておりまして……。

文鮮明守護霊　何が悪い？　おまえが今、名を挙げた者たちは、みな幸福の科学で認めている者ではないか。

A――　そこで、ぜひ一つ、お聞きかせいただきたいのですけれども、『原理講論』のなかに、「堕落論《だらくろん》」というものがございますね。

文鮮明守護霊　あるよ。それは、イエスの教えそのものじゃないか。

A――　いや、そこで言われている教えは、こうではなかったかと思います。『「ルーシェル」』、まあ、現代のカトリックやプロテスタントでは、多分、『ルシフエル（暁《あかつき》の子）』と呼ばれていると思いますが、その者がエバと不倫《ふりん》関係に陥《おちい》って、『原罪』というものができた。

そして、さらに、エバが、邪淫的《じゃいんてき》な働きをしたために、その子孫にはサタンの血が流れており、人間は全部〝悪魔《あくま》の子〟なのだ。

その〝悪魔の子〟が本来の人間に復帰するために、『復帰原理』というものがあって、何をやってもいいから、とにかく復帰しなければならない」

このような教えを説かれていたように思うのですが、あなたは、そうしたことを、おっしゃっておられますか。

文鮮明守護霊　待て！

A――　はい。

文鮮明守護霊　そこで待て！　今、おまえが言ったことのなかに、キリスト教を侮《ぶ》辱《じょく》するものがあった。

「アダムとエバに原罪があって、人類が楽園から追放された」ということは、『旧約聖書』のなかに語られていることである。これは、ユダヤ教徒であれ、キリスト教徒であれ、共通の『聖書』として読んでいるものであって、その点において、一点の誤りもない。それをあなたは、斬《き》ろうとしているのだ。つまり、ユダヤ教もキリスト教も、統一協会と同じく斬り捨てようとしている。

人類が堕落したというのは、『聖書』のなかに書かれていることであって、そこから復帰する運動というのは、それこそが救世主、メシアの仕事ではないか。そのいったいどこが間違《まちが》っているというのか。

今、それに間違いがあるような言い方が、その言葉尻《ことばじり》のなかに混じっていた。そういう者であっては、幸福の科学を擁護《ようご》する立場には立てないと、私は思う。

転生輪廻《てんしょうりんね》がないならば、なぜキリストが再臨するのか

Ａ――　文鮮明さんの守護霊にお訊《き》きいたしますけれども、文鮮明さんは、ご自身で、「〝イエス・キリストの再臨〟である」とおっしゃっておられますが……。

文鮮明守護霊　当然だろう！

Ａ――　それは、いつ、お分かりになったのですか。

文鮮明守護霊　今の教えを聞いたら、それで分かるじゃないですか。

Ａ――　さらに、もう一つ質問です。統一協会の教えでは、転生輪廻《てんしょうりんね》がないはずなのに、なぜイエス・キリストが転生するのでしょうか。

文鮮明守護霊　だからね……。

A――　統一協会では、「転生輪廻がない」と教えているはずですが、イエス様だけは特別なのでしょうか。

文鮮明守護霊　あのね、勉強が足りないようだから、少し言葉を加えるけれども、まあ、君なんかを相手にするのはばかばかしいので、もう、それこそセミナーに行ってほしい。御茶ノ水にあるかどうかは知らんが、もう一回、ビデオセミナーに行ってってほしいぐらいだ。「一週間ぐらいセミナーを聴《き》いてから、もう一回、出直してこい」と言いたいところではある。

まあ、あれは一種の象徴《しょうちょう》ではあるけれども、『旧約聖書』が言うとおり、「人類が原罪を犯《おか》して、楽園、いわゆる天上界《てんじょうかい》から追放され、この地上の虜《とりこ》になった」ということとは、キリスト教における根本的な思想である。

そのような地上の虜になったことから解放するのが、救世主の使命である。イエスはその使命に基づいて、この世に二千年前に降りたけれども、現実の人生においいて、救世主としての仕事を完成することはできなかった。

そして、あとから来た弟子《でし》たちが、それを糊塗《こと》する。要するに、イエスが救世主であったかのように見せかけるために、数多くの粉飾《ふんしょく》をなして、『新約聖書』をつくり、いろんな教会での思想をつくり上げてきた。

しかし、イエスが、この世において、その使命を成就《じょうじゅ》することができなかったので、神は、もう一度、考え直され、キリストに〝再臨〟という機会を与《あた》えて、再度、送り込《こ》まれた。それが私であって……。

A――　分かりました。

文鮮明守護霊　そして、私が、それを成就することが〝最後の審判《しんぱん》〟であるということである。

A――　そういう主張であるということは聞いております。

4　文鮮明守護霊《しゅごれい》の「自分を信じない者への接し方」

イエスは、この世の地位で人を差別するのか

A――　ただ、人間の心のなかには、普遍的《ふへんてき》な……。

文鮮明守護霊　君、だから、さっきから言っているように、胸から何本も出ているその刃《やいば》を下ろしなさい！　地位のある者に対して、そういう刃を向けるのは、失礼でしょうが！

A――　そうですか、分かりました。ただいま下ろします。

文鮮明守護霊　話をするような土台に乗っていないだろうが、そんなことでは。

A――　はい。質問を続けます。

文鮮明守護霊　私のところの信者だったら、君みたいな者は即座《そくざ》に殺しに来るよ。もう、そんな無礼者を許すわけがないだろうが。

A――　そうですか。たいへん失礼いたしました。

文鮮明守護霊　うん。

司会　イエス様は、そんなに人を差別するのですか。

文鮮明守護霊　何?

司会　イエス様は人をそんなに差別しますか。

文鮮明守護霊　神と人間は違《ちが》うだろうが。

司会　神はそうやって、人間を裁くのですか。

文鮮明守護霊　神が人間と一緒《いっしょ》だったら、大変なことになる。

司会　「裁きの神」ですか。

文鮮明守護霊　神はすべてである。

司会　イエス様は、彼（質問者A）を裁くように人間を裁くのですね。

文鮮明守護霊　優しいだけでは人は導けない。両者を持っている。

司会　「愛の神」ではないのですか。

文鮮明守護霊　彼が私を信じたら、私も、彼に対して優しくしよう。

司会　彼のような人でも愛するのが、イエス様ではないですか。

文鮮明守護霊　迷える子羊をどうやって救うのか、それは難しいことではある。特に、このような、頭が凝《こ》り固まっているような人間を解きほぐすには、まあ、半年ぐらいの長い長いビデオセミナーに漬《つ》け込《こ》まないかぎり……。

差別的な言葉を多用する文鮮明守護霊《しゅごれい》

司会　しかし、イエス様は、「無礼だ」という言葉を使いますか。

文鮮明守護霊　無礼です。当然ですよ。あなた、『聖書』をよく読みなさい。一喝《いっかつ》を加えているイエスは、何度も登場しています。

司会　それは、愛に基づいているのではないですか。

文鮮明守護霊　「律法学者」と言われる、当時認められていた権威《けんい》ある宗教学者たちに対して、何度も一喝を加えております。それが神の権威です。だから、こんな下っ端《ぱ》というか、下郎《げろう》を叱《しか》りつけるのは当たり前でしょうが。

司会　「下郎」という言葉を、イエス様は使いますか。

文鮮明守護霊　下郎だよ、君。夜郎自大《やろうじだい》だよ、君は。半年間、ビデオセミナーに通ってから、顔を洗って、もう一回、出直してこい！

司会　その言葉がイエス様の言葉ですか。

文鮮明守護霊　そうです！　そうですよ。当然です。

司会　差別観がありますね。

文鮮明守護霊　違います。権威です！

司会　権威ですか。差別ではないですか。

文鮮明守護霊　おまえみたいな〝ドブから出てきたような人間〟が何を言うか！

司会　ドブから出てきた人間（苦笑）……。

文鮮明守護霊　おう。そのぐらい薄暗《うすぐら》いわ。

司会　そうですか。

文鮮明守護霊　うん。

A──　それで、質問なのですが……。

文鮮明守護霊　おまえらみたいな〝穢《けが》れた下っ端〟が……。

司会　イエス様は、そのような、「下っ端」という言い方をされますかね。

文鮮明守護霊　ほんとに、わしに対して尋問《じんもん》するというのは……。

A――　尋問ではございません。真実を追究しております。

文鮮明守護霊　もう、そんな椅子《いす》なんかに座らずに正座して聴きなさい！　正座して。立場が違うんだ、〝ばか者〟が！

5　霊感《れいかん》商法をはじめとする活動の邪教性について

なぜ、統一協会の名前を隠《かく》すのか

Ａ ── ぜひ、お答えいただければと思うのですが。

文鮮明守護霊　ああ。

Ａ ── 〝イエス・キリストの再臨〟である方が、なぜ、悪質商法のような行為《こうい》をお認めになるのでしょうか。

例えば、今、統一協会の信者さんは、法外な値段で、壺《つぼ》や多宝塔《たほうとう》、印鑑《いんかん》などを、たくさん売っております。

文鮮明守護霊　おまえらな、そんなことを言えるような立場にあると思ってるのか！

A――　また、〝珍味《ちんみ》売り〟をしたり、高麗人参《こうらいにんじん》製品を販売《はんばい》したり、いろいろなことをされております。

文鮮明守護霊　こら！　そんなものは、三流ジャーナリズムが書いてることだろうが。

A――　いや、本当に売っていますよね。

文鮮明守護霊　そんなことを書かれたら、あんたがただって怒《おこ》るだろうが。そういう、同じ論理で責めるんじゃない。

A――　そのときに、なぜ堂々と売らないのですか。

文鮮明守護霊　何言ってんだ。

Ａ――　なぜ、騙《だま》して……。

文鮮明守護霊　君たちだって、何十万、何百万のお布施《ふせ》があったら、喜んで、「菩《ぼ》薩《さつ》だ」などと称《しょう》しとるだろうが。それに対して、同じ論理を持ってこられたら、君らは、「霊感《れいかん》商法をやっている」と言われるんだ。それが分からないのか！

Ａ――　私たちは、「幸福の科学である」ということを、隠《かく》しておりませぬが……。

文鮮明守護霊　これは、霊的なものに値打ちを感じているか感じていないかなんだ。「自分らの教団においては、すべてが正しくて、ほかの教団がやることは間違《まちが》っている」っていうような考え方は、差別観のもとなんだよ。

君らだって、お布施を何百万だとか、何千万だとかもらったら、「菩薩だ」などと称しているんだろうが！　誰《だれ》の許可を得て、それをやっておるんだ。仏陀《ぶっだ》がそれを許可したのか。弟子が勝手につくったんだろうが。

A――　仏教には、「口四《くし》の教え」と言いまして、「不妄語《ふもうご》」「不悪口《ふあっく》」「不両舌《ふりょうぜつ》」「不綺語《ふきご》」という四つの教えがございます。

文鮮明守護霊　ああ、まあ、いいや、君の説教なんか、聞く気持ちはない。まったくない。黙《だま》れ！　君の説教を聞く気はないから、黙りなさい。

A――　いやいや、これは意見交換《こうかん》です。

霊感商法は、他宗教から来た信者がつくった営業方針

文鮮明守護霊　いいか。君は、「多宝塔を売った」などと言った。それは、わしの教えではない！　それは、立正佼成会《りっしょうこうせいかい》から来た青年部長がつくった活動方針だ！　要するに営業方針で、ほかの日本の宗教団体が持ち込んだもの

だ！　私の教えではないんだ！　ただ、お布施の一形態として、彼らがつくったものである。それを、私のほうの批判に持ってこられているけれども、もともと、それはキリスト教とは関係のないものである。

しかしながら、あなたがただって、違ったかたちでお布施を集めているであろうが。そして、額が大きければ大きいほど、ほめたたえておるであろうが。差はないのだよ！　批判する資格はないいんだ。

A――　質問ですけれども、「文鮮明氏は、戦争の直前から戦中にかけて、日本にずっと住んでおり、夜間の高校に入って勉強していた」と聞いているのですが、それは本当ですか。

文鮮明守護霊　あんたに、何の関係があるんだよ。

A――　いや、それは、「立正佼成会から学んだ」ということで……。

文鮮明守護霊　違うよ。立正佼成会から、うちに走ってきたんだ。まあ、くだらん宗教だからね。そりゃ、〝真実の教え〟のところに来る人もいるさ。こちらの真実の〝イエスの教え〟を学びに来た人はいる。それが、活動家として参加した。おまえらのところだって、証券会社だの保険会社だの、いろんなのが、もうごろごろ来てやっとるだろうが。やってることは一緒《いっしょ》だよ。何も違いはせん。

神への寄付金を得るためであれば、何をやっても構わないのか

A――　さらに、質問ですけれども……。

文鮮明守護霊　あ？

A――　「お布施」という目的が正しいとしても、その手段の相当性というか、正当性というものは、やはり問われるべきではないでしょうか。

文鮮明守護霊　この世的に見りゃ、金額がエスカレートしたら、そこが、だんだんおかしくなるのさ。

Ａ――　しかし、宗教というのは、「正しい思いと行い」について教えるものではないのですか。

文鮮明守護霊　あんたさ、百万円寄付してもらうのと、一千万円寄付してもらうのと、一億円寄付してもらうのと、どれがいい？

Ａ――　仏教では、「貧者《ひんじゃ》の一灯《いっとう》」という教えがあります。

文鮮明守護霊　おいおい、嘘《うそ》つけ！　おまえら、そんなもの、やっていないだろうが。

Ａ――　仏教では、真実の真心でお布施しているのです。

文鮮明守護霊　自分たちが、そうやってるならいいよ。もし、君たちが「貧者の一灯」で、「お布施は、十円でよろしい。五円でよろしい。一円でよろしい」って、毎日言っているんだったら、僕《ぼく》は信じるよ。

Ａ――「三輪清浄《さんりんしょうじょう》」という教えがあって、「お布施」というものは、無我でなければならないのです。

立場の違《ちが》いを強調し、「立派な机」を要求する

文鮮明守護霊　しかし、君らは、やっていないくせに、そんなことを言う資格はないんだよ。人を裁くなかれ！　同じ判断基準で、おまえたちは裁かれるんだ。だから……。

Ａ――先ほど、私たちのことを、「下郎《げろう》」などと、さんざん言っていたではない

ですか（会場笑）。

文鮮明守護霊　立場が違《ちが》うだろうが！

A——立場が違ったら、言っていいのですか。

文鮮明守護霊　おまえは世界的に有名か。ええ？　二百万人の信徒を、おまえは率いておるのか。

A——私は、一信者として頑張《がんば》っております。

文鮮明守護霊　ああ、当然だろうが。だから、「立場が違う」ということを忘れるでない！

A——立場が違うと、何でも自由に言っていいわけですか。

文鮮明守護霊　そもそも、こんな所にわしを呼ぶこと自体が、失礼だ。何だ、こんな、（机をバンとたたく）ぼろっちい机に座らせよってからに。もっと、ちゃんとしたものを買え！　（会場笑）金がないのか、君らは。

司会　普段《ふだん》は、どんな机に座っていらっしゃるのですか。

文鮮明守護霊　もっといいのに座っているよ。こんな安物じゃない。幸福の科学は金がない。こんなものは、二十万ぐらいでできるよ。

司会　あなたの使っている机は、どんな机ですか。

文鮮明守護霊　世界に二つとないようなものに、ちゃんと座っている。当たり前だよ。

司会　それに、何の意味があるのでしょうか。

文鮮明守護霊　「教祖に対して、こんな、おんぼろ机を出してくる」っていうのは、君らに信仰心《しんこうしん》がない証拠《しょうこ》だよ。もうちょっと立派なものを出しなさい。尊敬の心を表すんだ、尊敬の心を。

司会　尊敬の心ですか。

文鮮明守護霊　おう。これが、再誕の仏陀に対する君たちの供養か。え？　君らがどれほど堕落《だらく》しているか、これで分からないか。これほどケチをして、「金だけ儲《もう》けてやろう」と思ってるのは、卑怯《ひきょう》だよ。

司会　ただ、われわれが、尊敬の心を出すのはいいのですけれども、あなたが求めるのは、少しおかしいのではないですか。

文鮮明守護霊　君ね、私は君らを叱《しか》りに来たんであって、君らに尋問《じんもん》されるために来たんじゃないんだよ。

司会　ああ、そうですか。

A――　しかし、イエス・キリストは、そうした立派な祭壇《さいだん》を求めたりはしませんけれども。

文鮮明守護霊　だから、〝最後の審判《しんぱん》〟として、私は、「君らのような者が、地獄《じごく》に堕《お》ちる」ということを言いに来たんだよ。

A――　え？　何を？

文鮮明守護霊　何？　聞き取れないのか。君、耳が聞こえないのなら、わしが治してやる。

A――　いえ、先ほどの〝修法《しゅうほう》〟で十分いただきましたから、もう結構です。

文鮮明守護霊　もう一回、聞こえるように言ってやる。私は、〝最後の審判〟として、二千年ののちに、雲に乗ってやってきて、「君らのような間違った教えを信仰している者たちは、地獄で裁かれる」ということを教えるために、〝再臨〟したのだ。それが私だ。

A――　ただ……。

文鮮明守護霊　聞こえたかあ?

正しい宗教家は必ず投獄《とうごく》される?

A――　しかし、あなたは六回も投獄《とうごく》されていますよ。

文鮮明守護霊　「この世が正しい」と君は思っているのかね。

A――　いや、しかし、性犯罪も含《ふく》めて六回というのは、ものすごい数ですよ。

文鮮明守護霊　偉人《いじん》たちは、みな、暗殺されるか投獄されるかしている。大川隆法は、まだ暗殺されていないし、投獄されていない。正しくない証拠《しょうこ》だよ。

A――　ただですね……。

文鮮明守護霊　この世的な人間であることの証拠だよ。

A――　アメリカでも、あなたは投獄されていますよね。

文鮮明守護霊　正しい革命家、正しい救世主なら、とっくに捕《つか》まったり、殺されたりしているはずだよ。二十年も三十年もやってきて、まだ捕まっていないなんて、こんなのおかしい。絶対おかしい。

この世的な人間である証拠だよ。これは商売人だな。うん。さすがは商社マンだ。ほんとに、ものを売るのだけは長《た》けている。

ビデオセミナーで半年間漬《つ》け込《こ》み、マインドコントロールする

A――　しかし、あなたは、「マインドコントロール」ということを、かなりなさっていると聞きましたけれども。

文鮮明守護霊　そういう、下世話な、君たち自身をも攻《せ》められるような道具で攻めるんじゃない。

A――　ただ……。

文鮮明守護霊　違《ちが》う言葉で、言いなさい。

A――　そのときに、私もこの目で確認いたしましたが……。

文鮮明守護霊　耳が聞こえないのか。君、治してやるよ。

Ａ――　いや、耳はちゃんと聞こえていますので、大丈夫《だいじょうぶ》です。

文鮮明守護霊　耳をこちらに向けよ。その聞こえない耳を私が治してやるから。

Ａ――「部屋のなかから出られないようにして、ビデオセミナーをやる」と、先ほども言っておられたではないですか。「半年間ぐらい、漬《つ》け込《こ》んで」と。

文鮮明守護霊　何を言っているんだ。

Ａ――「漬け込んで」と、おっしゃっていましたよ。

文鮮明守護霊　それは、親切でやっているんじゃないか。ばかは、一日、聴《き》いたぐらいでは分からないから、ゆっくりと、じっくりと、やらないとな。

君ね、漬物だって、何カ月も漬けないと、いい味が出ないんだよ。知らないの？

Ａ――　そうすると、その間は、何も見てはいけないのですか。何も聞いてはいけないのですか。

文鮮明守護霊　え？　君ね、くだらないことを言うんじゃないよ。大事なことのために、丸一日、漬け込むのは当たり前じゃないか。

君らには、それが足りない。だから、信仰心《しんこうしん》が足りなくて、弟子がみな言うことをきかなくて、ほんとに活動もしない。

もう、名前だけの信者がいっぱいいるのに、それを「伝道した」と称《しょう》して、嘘の報告を教祖に上げとるんだろう？　わしは知っとるんだ。

それを、「たるんどる」って言うんだよ。反省しなさい、反省を。宗教の風上にも置けんわ。

A――　ただですね……。

文鮮明守護霊　君は、「説教される立場にあるんだ」ということを分かっていない。

土下座しろ、早く。椅子《いす》に座るな！

A――　あのですね……。

文鮮明守護霊　立場が違うんだ！

真理の多様性を認める宗教と、認めない宗教の違《ちが》い

A――　ただ、真理というのは、さまざまなところにありますから。

文鮮明守護霊　うん、あるよ、あるよ。

A――　ソクラテスの哲学《てつがく》にもありますし、科学のなかにも、医学のなかにも、電気工学のなかにも、さまざまにありますけれども……。

文鮮明守護霊　ゴミみたいな真理は、いっぱいあるよ。

A──　それなのに、統一協会では、なぜ一つだけしか真理を認めないのでしょうか。

幸福の科学の大川隆法総裁が六百冊の本を書かれている背景には、一年間に何千冊もさまざまな本を読まれているということがありますし……。

文鮮明守護霊　あのなあ、あんた、勉強が足りないな。「統一協会」っちゅうのは、「すべての宗教は、神の教えから分かれている」という教えを持っているんだよ。幸福の科学より先に言っているんだ。大川隆法がまねしたんだよ。まねしたなら、まねしたなりに、「ちゃんと、うちにお布施《ふせ》しろ」って言うんだ！　え？

A──　幸福の科学では、そうやって、いろいろな知識や教養を得て、真の教養人となるために、最低でも、良書を百冊、読むことを勧《すす》めています。

文鮮明守護霊　ふーん。よその教えを盗《ぬす》んでるだけじゃないか。ただのコレクターじゃないか。コレクターがそんなに偉いのか。そんなものは、切手集めと変わらないじゃないか。ああ？

A――　そして、そのなかに流れる真理を「黄金の糸」と呼び、その糸を織物としていくことで、万教《ばんきょう》をつないでいこうとしているのですけれども。

文鮮明守護霊　何で、仏陀《ぶっだ》がそんなことをしなきゃいけないんだよ。それが、何で再臨の仏陀なんだよ。おかしいじゃないか。

A――　イエス・キリストも……。

文鮮明守護霊　仏陀なら、断食を勧めたらいいよ。おまえら、もっと痩《や》せられるからな。食いすぎだ、それ。

A──　食いすぎ（苦笑）……。

文鮮明守護霊　断食しろ！　断食！　一日一食で十分だ。断食もしないで、三食も、肉なんか食ってるから、そんなになるんだ！　そのうち、高血圧になるぞ。

A──　そういうことには、なりませんけれども（苦笑）。

文鮮明守護霊　だから、君が太っていることだけを見ても、大川隆法が再誕の仏陀でないことは、もう明らかに分かるよ。

A──　あのですね……。

文鮮明守護霊　あ、もう黙《だま》るだろ？　ほら、見ろ！

6　文鮮明は〝キリストの再臨〟なのか

イエスは分裂症《ぶんれつしょう》だった？

A――　いやいや。ぜひ、まだいろいろと質問させていただきたいのですけれども。

文鮮明守護霊　うーん。おまえ、もう、早めにしてくれよ。

A――　教祖である文鮮明氏が捕《つか》まえられた理由の一つに、性的な犯罪ということがあります。

文鮮明守護霊　おう。

A――　例えば、私は、以前、『六マリアの悲劇』という批判本を読んだことがあるのですが、ご存じですか。

文鮮明守護霊　ああ。もう、そんな、くだらん本は読まないほうがいいよ。とにかく、もう、この世での、マスコミの批判は、政治家を攻撃《こうげき》するのと一緒《いっしょ》だからな。

A――　ただ、ここで、一つお聞きしたいのです。イエス・キリストは、「言葉によって生きる。永遠の生命によって生きる」とは言われましたけれども、「肉体的に復活する」などということは、あまり言っておられないのではないでしょうか。

文鮮明守護霊　いや、イエスは肉体で復活してきたよ。君、『聖書』を読んだら、そう書いてあるじゃない。何言ってるんだ。

あんた、『聖書』を読んでいないのか。肉体的に復活しているじゃないか。

A――　いや、『聖書』の「申命記《しんめいき》」や「新約」のなかにも、「人はパンのみによって生きるのではない。神の口から出るすべての言葉によって生きるべきだ」というように書いてあります。

文鮮明守護霊　うーん。まあ、そういうことも言ったが、イエスは分裂症《ぶんれつしょう》だからさ、いろんなことを言うんだよ。

A――　ちょっと待ってください。あなたは〝イエス〟ではないのですか。「イエスが分裂症だ」などと言うのは、「語るに落ちたり」ですよ。

文鮮明守護霊　え？　あ、そう？　（会場笑）
ああ、いや、わしは、〝まともなイエス〟だけども、歴史上のイエスは……。

A――　イエスは何人もいるんですか。

文鮮明守護霊　分裂症だからね。まあ、いろんな所で、いろんなことを言うんだよ。だから、君、変なことを言うなよ。

A――「変なことを言うな」とは（苦笑）……。

文鮮明守護霊　イエスが復活したときは肉体を持って復活したことになっている。『聖書』に、『新約聖書』に、そう書いてあるじゃないか。

"イエスの記憶《きおく》"が曖昧《あいまい》で、「復活」を説明できない文鮮明守護霊《しゅごれい》

司会　いや、『聖書』ではなくて、あなたは知っているのではないですか。

文鮮明守護霊　え？　わし？　わしが知っているかって？

司会　え？　知らないんですか。

文鮮明守護霊　まあ、それは後世の弟子が書いたものだからさ。

司会　では、ご自身で、そのときのことを言ってください。

文鮮明守護霊　後世の弟子が書いているものを、わしが知るわけないだろう。もう、わしが死んで何十年もたってから、書かれたものだから……。

司会　いや、あなたは〝イエス様〟なんですよね？

文鮮明守護霊　え？　まあ、そりゃ、イエスだよ。うん、イエスだよ。

司会　だから、当時のこともご存じですよね。

文鮮明守護霊　イエスだけども……。君ね、イエスっていうのは、まあ、神の一部なんだよ。神っていうのは広大無辺なんだから、どの部分が出てきているか分からないじゃないか。ん？

司会　いえ（苦笑）。

文鮮明守護霊　君らだって、そう教えているんだろうが。

A──　いや、しかし、イエスとしての記憶《きおく》がそれだけ曖昧《あいまい》なのに、ご自分であるはずのイエスが「変なことを言っている」というのは、なんだかおかしな話ですね。

文鮮明守護霊　全然……。おまえ、これは、もう正確無比で、何《なん》にも曖昧じゃない。

司会　いや、それは、「『聖書』で読んだ」ということですよね？

文鮮明守護霊　いや、『聖書』にそう書いてあることぐらい研究するのは、現代人としては当たり前であって……。

司会　それは、われわれも分かります。

文鮮明守護霊　大川隆法も、仏典だって、『聖書』だって、読んでいるだろうが。「読んではいけない」っていう理由があるなら、言ってみろよ！

司会　イエス様が出てくれば、当時のことは、もっと詳《くわ》しくご存じのはずです。

文鮮明守護霊　うん？　イエス？

司会　ええ。

文鮮明守護霊　そんな、イエス……。

幸福の科学では、イエスの当時の様子が詳《くわ》しく説かれている

A――　大川隆法総裁は、天上界からイエス様を指導していらっしゃいましたので、当時のことを詳《くわ》しく知っておられます。いろいろな経典で、たくさん説かれていますからね。

文鮮明守護霊　ああ、君らは、もう、すっかり騙《だま》されているんだ。イエスだったら、私みたいな権威《けんい》がなければ、おかしいんだよ。

大川隆法には権威がない。もう、おまえらに対して、ほんとに優しすぎるわ。

Ａ――　しかし、先ほどから、あなたと話していると、心が、チクチクと痛いのですが。

文鮮明守護霊　いや、それは、君自身の剣《けん》が自分に向いているんだよ。

Ａ――　あなたの言葉がかなり激しくて、話すのは、なかなか厳しいですね。

文鮮明守護霊　うーん。激しいよ。

Ａ――　宗教というのは、もっと穏《おだ》やかなものではないのですか。

文鮮明守護霊　それは、君らみたいな下郎《げろう》に侮辱《ぶじょく》されて、黙《だま》っていられるわけがない。

Ａ――　下郎？　しかし、なぜ、「下郎」などという言葉が出てくるのですか。

文鮮明守護霊　「下郎」っていう言葉を、君は知らないのか。日本語を知らんなあ。戦中に日本で勉強した者は、そのぐらいは知っているんだよ。古い言葉なんだよ。

日本は韓国《かんこく》にお金を貢《みつ》がなければならない？

A——　しかし、私も、しつこく質問して、申し訳ないのですが、なぜイエス様が、「韓国《かんこく》はアダムの国で、日本はエバの国だ」などと言うのでしょうか。

文鮮明守護霊　そりゃそうだよ。韓国が日本に犯されたんじゃないか。何言ってるんだ！

A——　イエス様というのは、そのように、アジアだけしか見ていないのですか。

文鮮明守護霊　君、これは歴史的事実だよ。韓国は、三十五年間も日本に犯されたんだよ。レイプされたんだよ。どうしてくれるんだよ。

A――　はあ。

文鮮明守護霊　彼らはセックスしたので、楽園を追放されたんだろう？　『旧約聖書』では、そういうことになっているじゃないか。

A――　そうすると、あなたの、「性的なつながりによらないと、〝復帰〟できない」という教えは、何か変ではありませんか。

文鮮明守護霊　いや、神の許可があればいいんだ。神の許可があればいいけど、許可なしに青姦《あおかん》をやったから、許せないんだ。青姦をやったから、楽園を追放されたんだよな。

君、「青姦」ちゅうのは、辞書を引いても載《の》っていないかもしらん。わしは、戦中、日本でちょっと勉強したことがあるから、そういう難しい言葉を使うけども、「青姦」っていうのは、「野原で、女性を押《お》し倒《たお》すこと」を言うんだ。君、いいな、分かってるな?

A―― ええ。今、了解《りょうかい》しました(会場笑)。

文鮮明守護霊 ああ、分かった?

A―― 戦後生まれですので、失礼しました。

文鮮明守護霊 韓国は、日本に、三十五年間、無理やり犯されたんだ。これが、正しい歴史認識だ。

A―― しかし、イエス様が、韓国と日本の関係だけに、それほどこだわるのも、何か変な気がいたしますけれども。

文鮮明守護霊 いや、ほかの国のことだって何だって、おれは分かっているんだ。

A――　ほかに、「エバに当たる国」というのは、ないのですか。韓国だけが「アダムの国」なのですか。

文鮮明守護霊　ええ？　エバ？　まあ、韓国は大事だからね。

A――　しかし、韓国だけが中心というのは……。

文鮮明守護霊　君らだって、日本中心主義じゃないか。何言ってんだよ！　君らが言ってるのは、「日本がアダムの国で、アダムがエバを犯したのは正しい行為《こうい》だ」ということだ。これは、けしからん。

A――　もしかしたら、日本に恨《うら》みがあるのではないでしょうか。

文鮮明守護霊　え？

A――　日本に恨みがあるのではないですか。

文鮮明守護霊　恨みなんかないよ。仕返ししたいだけだよ。

A――（苦笑）それは同じことではないですか（会場笑）。

文鮮明守護霊　え？　だから、恨みはない。

恨みはないけども、「日本は、過去三十五年間の悪業《あくごう》、カルマを消さなければいけないから、やはり、韓国に、一生懸命《いっしょうけんめい》、金を貢《みつ》ぐべきだ」という教えは説いているよ。

それは、実に正しいし、日本のマスコミも、みな認めてくれていることだな。なんにも間違《まちが》ってない。

7 〝合同結婚《けっこん》式〟について

教祖の許可による〝合同結婚《けっこん》式〟は「罪の清め」になるのか

Ａ――　しかし、なぜ、そこで、「性的交渉《こうしょう》をしないと、霊的《れいてき》に復帰できない」ということになってしまうのですか。その理由を教えてください。その考え方の核《かく》というか、もとは、どこにあるのでしょうか。

文鮮明守護霊　だから、君、アダムとエバが、神の目を盗《ぬす》んで、サタンであるところのヘビのそそのかし、誘惑《ゆうわく》でもって、青姦《あおかん》したわけだよ。な？　それはいかんだろう。

ただ、わしは、「男女が交わってはいかん」とか、「結婚《けっこん》してはいかん」とか、そんなことは言っておらん。神の許可があれば、それは構わない。それは祝福を受けることになる。その祝福を、今、やり直さなきゃいけない。

アダムとエバが、そういう穢《けが》れた結婚というか、交わりをしたために、人類がこれほどまでに苦しんで、罪をいっぱいつくった。だから、今、神である私が許可をして〝合同結婚式〟をやり、祝福しているわけだ。そうすれば、過去の罪が、全部、癒《いや》されるわけだ。分かるかな？　これは、清めなんだ、君！

A——　しかし、そこには自由意志がないではないですか。

文鮮明守護霊　いや、ある。〝神の意志〟は自由意志だ。神がつくったものを、神が、どうしたって構わないじゃないか。何言ってるんだ！

A——　ただ、〝神の意志〟はあっても、〝合同結婚式〟のときには、自由意志がなく……。

文鮮明守護霊　あのね、君。サタンの自由意志のままに動くよりは、〝神の自由意志〟のままに動いたほうがいいのは分かる？

A――　しかし、人間は自由意志を与《あた》えられ、自由に選べるようになっていますよ。

文鮮明守護霊　いや、そんなことはない。君、それは、そのまま行くと、サタンの論理になる。気をつけろよ。

A――　幸福の科学では、「自由意志というものを、法に則《のっと》って統御《とうぎょ》し、正しき心を探究することが大事である」と教えてもらっています。

文鮮明守護霊　まあ、「法に則って」の、その法の内容が問題だけどもね。「法に則って」の部分がなく、「自由意志でやっていい」って言うんだったら、それはサタンの論理だから、「幸福の科学はサタンの教えに屈服《くっぷく》した」ということになる。

A―― ただ、今、言われたように、「〝神様〟の好き勝手に」というか、「〝神様〟が勝手に」決めて、結婚し、三日間、〝合同結婚式〟という〝清め〟をやるというのは……。

文鮮明守護霊　素晴らしい！　これは、人類であるなら、一度は経験してみたいことだ。

〝合同結婚《けっこん》式〟の組み合わせは、コンピュータで適当に決められている

A―― その組み合わせは、あなたが決めているのですか。それとも、あなたの弟子が勝手に決めているのですか。

文鮮明守護霊　うん？　まあ、人数が多いからね。十万人も結婚するのを、わしが全部、見るわけにはいかんだろうが。

A――　その十万人の結婚《けっこん》相手というのは、さっと決まってしまうのですか。

文鮮明守護霊　まあ、あんなのは、コンピュータで適当に割り振《ふ》っているんだよ（会場笑）。

A――　ええ！　そんな。

文鮮明守護霊　そりゃ、そうだよ。手作業でやるには多すぎるわ。もう、とてもじゃないが十万人も選べんから、今は、コンピュータで適当に、ババババババッと、やっているんだよ。

A――　イエス様がそのようなことを教えたとは、さすがに信じがたいのですが。

文鮮明守護霊　ああ。今は、やってるだろう？　お見合いの、何だ？〝アルツハイマー〟じゃない。

ええっと、お見合いのコンピュータ診断《しんだん》みたいなものを、何か、日本でやってるんじゃないか。いろんな情報を入れて、「あなたと合う人はこの人です」みたいなもの、何て言うんだ？　え？

A――　出会い？

文鮮明守護霊　出会い系サイトじゃない（会場笑）。そんなに新しいもんじゃない。もっと古いわ。

（会場から「アルトマン」という声）

文鮮明守護霊　アルトマン。そう、アルトマンだ。アルツハイマーだと思ったが、アルトマンだ。うん。アルトマンをやっとるだけだよ。別に構わないじゃないか。

A――　しかし、それは、「宗教的である」とは思えないのですが。

文鮮明守護霊　そんなことはないよ。それは、君、決め付けだよ。実際、そこにイエスがいて、「君たち、ここで結婚しなさい」と言ったら、それはするだろう。そんなの当たり前じゃないか。それが、君、信仰《しんこう》だよ。

司会　その結婚する方々は、「コンピュータで決められている」ということは知っているのですか。

文鮮明守護霊　うん？　ああ、それは知らんだろうな（会場笑）。まあ、でも、コンピュータも、わしらの支配下にあるんだから、大丈夫《だいじょうぶ》だよ。動かしてる人は、わしの弟子だから、大丈夫だ。

司会　〝コンピュータに意志が通じる〟というわけですね。

文鮮明守護霊　ああ。わしの弟子がやってるんだ。間違《まちが》いない。無意識のままにやっても、占《うらな》いというのは当たるもんだからね。

コンピュータで決められた相手との結婚《けっこん》は〝信仰心《しんこうしん》を試す踏《ふ》み絵〟

司会　では、なぜ、本人たちに、「コンピュータを使っている」ということを教えないのですか。

文鮮明守護霊　え？　いや、そんなことを教えたら、君、尊さがなくなるだろうが。

司会　尊くないですよね。

文鮮明守護霊　うん、尊さがなくなるよ。

本来、「文鮮明が一人ひとり決めた」ということになってはいるが、実際は、そんなにやる暇《ひま》はない。

だから、それは、君らか、君らより、もうちょっと下の人のレベルまで落ちるかもしらんが、そういう理科系の作業要員がおるからさ。そいつらがやっとるんだ。

その〝アルツハイマー型アルトマン〟をやって、「ああ、これとこれなら合う」って、やってるよ。

司会　それは、公表してしまっていいのですか。

文鮮明守護霊　え？　何を？

司会　「コンピュータでやっている」ということです。

文鮮明守護霊　いや、本当は、この世的には、何か相性のいいのを合わせるのが民間業者のやり方であるけども……。

司会　業者ではなくて、宗教です。

文鮮明守護霊　それで利益を出すんだけれども、うちなどは、宗教だから、そんな利益に基づく活動をしてはならない。

だから、「日本人とアフリカ人を結婚《けっこん》させる」とか、そういう、この世ならざる〝奇跡《きせき》〟を数多く起こしているわけだ。

司会　それは奇跡ではなくて、ただ組み合わせているだけではないですか。

文鮮明守護霊　だから、それは、「普通《ふつう》の人間では、とても耐《た》えられないような組み合わせでも、君は結婚するか」という〝踏《ふ》み絵《え》〟であって、それでも踏むぐらいなら、〝信仰心は固い〟というふうに見るわけだな。

司会　ああ。

文鮮明守護霊　これが、〝神への誓《ちか》い〟だ。

まあ、あれだよ。アブラハムが、自分の息子のイサクを、「羊の代わりに捧《ささ》げよ」と言われたときに、イサクを柴《しば》の上に乗せて、焼こうとした。それで、神はその信《しん》仰心《こうしん》をほめたたえたんだから、それに比べりゃ、君、こんなのは、軽いもんだよ。

誰《だれ》と結婚したって一緒《いっしょ》だから。

司会　そんなものなのですか！

文鮮明守護霊　そんな、女なんて全部一緒じゃないか。

8　文鮮明守護霊《しゅごれい》は「人間」をどう見ているのか

信者は「道具」ではなく「動物」だと考えている

A――　そうすると、文鮮明の守護霊《しゅごれい》さんからは、〝信者〟というか、あなたを信じる人間というのは、もう、「道具」のようにしか見えていないと感じられるのですけれども。

文鮮明守護霊　君ねえ、そういう「道具」なんていう言い方をしちゃいけない。

A――　そうは言っても、「相手の自由意志を無視して、勝手に結婚相手を決める」とか、「セミナーに漬《つ》け込《こ》む」とか、そういう話を聞いていますと、どうしても……。

文鮮明守護霊　もう少しましな、「動物」ぐらいの言い方をしてくれないかなあ。

司会・Ａ――　動物ですか！（会場笑）

文鮮明守護霊　うん、せいぜい動物だ。「道具」とは思ってないよ。

司会　「神の子」ではないのですか。

文鮮明守護霊　うん。動物も「神の子」なんだよ。

司会　ああ。人間ではない？

文鮮明守護霊　うん。意志を持ってるのは、神独《ひと》りだから。

Ａ――　それ以外は、みんな動物なのですか。

文鮮明守護霊　ああ。だから、自由意志を持っているのは神独りなんだ。

洗脳の対象である信者に、自由意志は認められない

司会　ちょっと待ってください。では、統一協会の方々は、自由意志を持ってはいけないのですか。

文鮮明守護霊　それはそうです。もう、服従のみです。

司会　服従のみですか。

文鮮明守護霊　当然です。「すべては〝神のお心〟のままに」です。はい、そうです。これは〝宗教の本道〟です。

司会　自主的に勉強などをしては、いけないのですか。例えば、幸福の科学の本を学んだりしてはいけないのですか。

文鮮明守護霊　え？　幸福の科学？　まあ、そんな暇はないだろうよ。セミナーに漬け込んであるからね。

司会　やはり、同じことを、ずっと繰《く》り返すわけですね。

文鮮明守護霊　ええ、そう。洗脳し尽《つ》くすまでやらなきゃ、それは駄目《だめ》だ！

Ａ――　今、洗脳と言いましたね？

文鮮明守護霊　ああ、それはいかんな。君らの言葉がうつったんだ（会場笑）。

司会・Ａ――　いや、違います。

文鮮明守護霊　コンピュータウイルスがうつった。今、君らの悪い言葉がうつった。

『聖書』では人間を「泥人形《どろ》」だと言っているのか

A――　しかし、「信者を動物として見ていて、漬け込んで洗脳する」というお話からは、イエス・キリストが説かれた愛の教えを感じることは、どうしても難しいのですが。

文鮮明守護霊　君ねえ、『聖書』を、もっとよく読みなさいよ。神は、泥《どろ》を丸めて、息を吹《ふ》き込んで、人間を創ったんだ。『聖書』は人間を「泥人形」だと言っているんだよ。

泥人間というよりは、まだ、哺乳類《ほにゅうるい》にしてくれる私のほうが、ずっと優《やさ》しいじゃないですか。

司会　いや、しかし、人間には、神の息が吹き込まれているではないですか。神の命が入っているではないですか。人間の本質は、神と同質のものではないのですか。

文鮮明守護霊　それじゃ、君らは信じるかい？　泥をウニャウニャと練って、フッと吹いたら、おまえができたんだ。え？　これを信じるかい？　どうだい？

これがキリスト教の正統派の信仰だ。信じるかい？　わしのほうが、よっぽど合理的だろうが。だから、わしを批判するぐらいだったら、キリスト教は全部、邪教《じゃきょう》ということになるぞ。

人間を「仏の子」と見るか、サタンの自由意志のなかに生きる「動物」と見るか

A――　しかし、幸福の科学では、「仏性」と言って、「人間には、仏の性質、仏になる性質というものがある。人間の心のなかには、ダイヤモンドの原石がある」と言っているのですけれども。

文鮮明守護霊　うん。それは、人を騙《だま》すのに、よく使う手だな。

A――　そういう仏性などは一切《いっさい》認めることなく、人間は、動物として、自由意志を与えられず、「神の許可を得ないと駄目なのだ」「神に服従しないといけないのだ」という考えなのですね。

文鮮明守護霊　神に絶対服従を誓ったときのみ、人間は神の子となるんだよ。

A――　ああ。服従したときのみ、神の子になる？

文鮮明守護霊　うん。神への信仰において、絶対服従したときのみ、神の子で……。

A――　それまでは、〝サタンの子〟なんですか。

文鮮明守護霊　それまでは動物なんだ。

A――　動物？　サタンの子？

文鮮明守護霊　どちらかと言えば、サタンの自由意志のなかに生きておるということになるわな。

A――　では、要は、文鮮明の守護霊さんの言うことをきかないと、全部、サタンの子なのですか。

文鮮明守護霊　まあ、守護霊の意見じゃなくて、本人の意見もあるからな。

A――　本人の意見と守護霊の意見は、考え方において、ほとんど同一なのですか。

文鮮明守護霊　まあな。

9　霊的《れいてき》に見た「統一協会の正体」

文鮮明守護霊《しゅごれい》の姿は、二十メートルもある「巨大《きょだい》なクモ」

A――　怒《おこ》らないで聞いてくださいね。

文鮮明守護霊　いや、怒るよ。

A――　先ほど、登場されたときに、いろいろと修法《しゅうほう》のようなことをなされていましたが、私には、何だかクモのように見えました。

文鮮明守護霊　ああ、君はもう失礼だから、これから半年間、キムチを食うことを許さん（会場笑）。

A――（苦笑）いえ、あのですね。

文鮮明守護霊　〝キムチ禁止の令〟を命ずる。ビビンバも食わさん。

A――それで、何だかクモのような感じを受けたのですが、クモと関係があるのではないですか。

文鮮明守護霊　うん、まあ、絡《から》め取るのは好きだ。

A――絡め取るのが好き？　どうして絡め取るのが好きなのですか。

文鮮明守護霊　何だか、好きなんだよ。しょうがないよなあ。

A――いつごろから好きになりましたか。

文鮮明守護霊　なんか昔から好きなんだよ。

A――　昔から好き?

文鮮明守護霊　うん。絡め取るのが大好きだ。

司会　ちょっと待ってください。あなたは、今、どんな体をされていますか。

文鮮明守護霊　どんな体って、神々《こうごう》しい体をしてるよ。

司会　手は何本ありますか。

文鮮明守護霊　八本。

司会　手が八本ある?

文鮮明守護霊　いやいやいやいや……。

A――　手が八本もあるんですか。

文鮮明守護霊　最近、君らのところには、宇宙人が数多く出てるじゃないか。まあ、八本ぐらいはあったっておかしくない。

司会　体の色を教えてください。

文鮮明守護霊　え？　体の色？　まだらだけど。

司会　何と何のまだらなんですか。

文鮮明守護霊　ああ、そうだな。まあ、黒と黄色だ。

司会　あなたは宇宙人ですか。

文鮮明守護霊　宇宙人かな？　これ、なんだろうな。

司会　クモのように見えますね。

文鮮明守護霊　変わってる。でも、霊界《れいかい》は自由自在だからね。まあ、好きなように自分の体を設計できるんだ。

司会　クモの体が好きなんですか。

文鮮明守護霊　いや、クモというか、わしは大きいからクモではないよ。こんなクモは地上にはいない。

司会　しかし、あの世には、巨大なクモはいますよね。

文鮮明守護霊　うん、いるよ。二十メートルぐらいあるんじゃないかな。

A――　二十メートルもあるクモ！

文鮮明守護霊　おまえらなんか、ほんと一飲みだぜ。ハッハッハッハッハ。

統一協会の信者は、「クモの糸」でグルグル巻きにされている

A――　先ほど、何か糸のようなものをブワッと投げていましたよね。

文鮮明守護霊　うん。そのうち、食べるんだよ。

司会　あれは、〝クモの糸〟が出ているんですね。

文鮮明守護霊　いやいや、君を救済するための〝クモの糸〟だ。〝クモの糸〟っていうのは、仏様の救済力を意味してるわけだ。だから、仏様はクモなんだ。

司会　仏様は、「蜘蛛《くも》の糸《いと》」を垂らしたのであって、絡め取ってはいないです。

A――　『蜘蛛の糸』という話がありましたね。

文鮮明守護霊　阿弥陀如来《あみだにょらい》はクモなんだよ、君。

司会　あなたは〝クモの糸〟でグルグル巻きにしているではないですか。

A――　先ほど、私は苦しかったですよ。

文鮮明守護霊　まあ、そういう場合もある。相手が重い場合には、グルグル巻きにしなきゃ上がらないよ。

司会　あの世へ行ったら、あなたの信者の方々もみな、そのようにされているのですか。

文鮮明守護霊　うん。いったん、この網《あみ》に引っ掛《か》かったら、逃《に》げられないんだよ。

司会　今、何人ぐらい引っ掛かっていますか。

文鮮明守護霊　うん、そうだな。まあ、ずいぶん死んでるからな。入れ替《か》わり立ち替わり来てるから、何人、引っ掛かっているか分からんが、公《こう》称《しょう》の信者数は二百万人だから、まあ、二百万人はいる。

文鮮明守護霊のいる場所は、霊界の洞窟《どうくつ》のなか

司会　あなたのいる所は明るい世界ですか、暗い世界ですか。

文鮮明守護霊　君、クモのいる所がどこか知らないのか。洞窟《どうくつ》のなかに決まっとるじゃないか。

司会　洞窟ですか。

文鮮明守護霊　当たり前だろ。

司会　そこは天国ですか。

文鮮明守護霊　神々は、そういう〝奥《おく》〟に隠《かく》れたまうんだよ、君。

司会　いや、神々は洞窟にはいません。

文鮮明守護霊　〝神々の洞窟〟だよ。

司会　洞窟に神々はいません。

文鮮明守護霊　神は「隠れ身」と言って、隠れるんだよ、君。

司会　先日、ヒトラーが、「地下にこもっている」という話をしていました（『国家社会主義とは何か』〔幸福の科学出版刊〕第1章「ヒトラーの霊言」参照）。

A――　ヒトラーは、お友達ではありませんか。

文鮮明守護霊　ヒトラー？　そんな安物の指導者と一緒《いっしょ》にされては困る。

司会　地下という点では似ていますね。

文鮮明守護霊　地下じゃない。私は洞窟だと言ってるんだ。

司会　それは地球で言うと、どのへんにあるのですか。

文鮮明守護霊　ん？　どのへんにあるか……。どこにあるんだろうねえ。

司会　韓国《かんこく》の下あたりですか。

文鮮明守護霊　いや、まあ、洞窟の外へ出れば外だが、なかへ入れば洞窟だわな。だから、どこにあるんだろうかね。よく分からんが、とにかく、日本と韓国とアメリカのいろいろな所に洞窟は開いている。

A――　その洞窟はつながっていますか。

文鮮明守護霊　うーん、洞窟は地下でつながっているんじゃないか。

文鮮明の妻の守護霊は、「赤まだらのクモ」

司会　その洞窟には、信者以外の有名な方では、どんな方がいらっしゃいますか。

文鮮明守護霊　信者は有名な人ばかりだからな。

司会　いや、信者以外で、われわれが知っているような人です。

A――　歴史上の人物など、われわれが名前を知っている人はいますか。

文鮮明守護霊　歴史上の人物で、網に掛かったのがいるかって？

司会　いえ、あなたと一緒に仕事をしている方は……。

文鮮明守護霊　一緒に仕事をしている人？　家内がおる。

A── 奥様も、やはり、まだらですか。

文鮮明守護霊　あっちは、「赤まだら」だ。

A── 赤まだらですか。そうですか。

司会　あなたは、黄色と黒の「黄色まだら」ですね。

文鮮明守護霊　ああ、そうそう。

統一協会の信者はクモに魂《たましい》を食べられて〝浄化《じょうか》〟される

A── 獲物《えもの》を獲《と》ったら、パクッと食べたくなってしまうのですか。

文鮮明守護霊　いや、そんなことないよ。家内とは愛し合ってるから、食べるのは最後だ。

司会　いや、違《ちが》います。信者の方のほうです。

文鮮明守護霊　ああ、信者？　信者は食べるよ。

A――　えっ？　食べるのですか。

文鮮明守護霊　ああ、そりゃ当然だ。

司会　脳みそを食べるのですか。

文鮮明守護霊　信者の魂《たましい》を食べてやることによって、彼らは浄化《じょうか》されるんだよ。

A――　「食べてあげる」のですか。

文鮮明守護霊　クモの糸に掛かったら、魂を食べてやって消化し、うんちにして出してやる。そうすれば、信者は浄化されるんだよ。清らかなうんちになって、生まれ変わっていく。

司会　そのあと、その方々はどうなるのですか。

文鮮明守護霊　だから、うんちというのは、堆肥《たいひ》になって、大地を豊かにする。そこから植物が育って、それを動物が食べる。そうして〝宇宙の命〟に変わるわけだ。偉大《いだい》なるうんちが〝宇宙の命〟に変わっていく（会場笑）。それが宇宙の摂理《せつり》というものだ。

司会　その方々の個性はなくなってしまうのですか。

文鮮明守護霊　個性？　個性はないわけではないよ。うんちにも個性はあるよ。

司会　そこから脱出《だっしゅつ》しようとする方はいないのですか。

文鮮明守護霊　「脱出」って、君。それは、どういう意味だね。

司会　逃げることです。

文鮮明守護霊　「逃げる」って、どういうことだよ。

司会　クモの巣から、逃げようとすることです。

文鮮明守護霊　「〝幸福の網〟に掛かって逃げるやつがいる」という話なんて、信じられないよ。

司会　そういう方はいないのですか。

文鮮明守護霊　蝶《ちょう》がクモの糸に掛かっていて、それを逃《のが》すクモがいると思うか。そんなおいしいものを逃《に》がしてたまるか！

司会　それでは、この世の信者さんは、要するに、クモの巣に引っ掛かった蝶のようなものですか。

文鮮明守護霊　まあ、そういうことだな。だから、ビデオセミナーなんかが〝クモの網〟さ。

Ａ――　今、それをいろいろな国に張っているのですね。

文鮮明守護霊　うん、うん。だけど、それは、彼らを救済するための網だからね。網を投げなきゃ救えないじゃないですか。

司会　彼らは自由ではないですよね。

文鮮明守護霊　暗闇《くらやみ》の荒海《あらうみ》のなかで、彼らは溺《おぼ》れかかってるわけよ。それで私は投《と》網《あみ》を投げて救ってるわけだよ。分かる？

司会　自由に飛んでいた蝶が、引っ掛かってしまうわけですね。

文鮮明守護霊　蝶は、いずれ死ぬからね。まあ、いいんじゃない？　彼らは、十分、自由を満喫《まんきつ》したんだ。悪魔《あくま》の自由を満喫して、神になろうと思ってるところに、お裁きを与《あた》えてだね、ちょっと自由を奪《うば》ってやったんだ。そして、「君らは、もっと謙虚《けんきょ》にならねばならん」ということを教えとるんじゃないか！

洞窟《どうくつ》のなかのクモに十字架《じゅうじか》を打ち込《こ》みにくる者がいる

司会　あなたが悪魔と言っているのは、どういう方なんですか。

文鮮明守護霊　悪魔？

司会　あなたが悪魔と呼んでいる方です。

文鮮明守護霊　うーん、悪魔っていうのは、十字架《じゅうじか》がものすごく好きなやつらのことだ。

司会　十字架が好きなやつ?

文鮮明守護霊　うーん。

司会　それは、イエス様やイエス様の信者ではないですか。

文鮮明守護霊　あいつは、最後は、やっぱり悪魔になって……、あれあれ? いやいや、ドラキュラか。わしは、ドラキュラの話と混同したかもしらんな。うん。

司会　ドラキュラは十字架が嫌《きら》いです。

文鮮明守護霊　ドラキュラは十字架が好きだよな。

A――　嫌いです。

文鮮明守護霊　ああ、嫌いだったか。ドラキュラは十字架が嫌いだったかな？　そうかなあ。

司会　あなたは、あの世で十字架を見せられても平気ですか。

文鮮明守護霊　何だ、（中央に安置してあるパワーストーンを指して）ここに、何だか変なもんが置いてあるな。これは何だ？　嫌な感じがする。

司会　それはパワーストーンです。

文鮮明守護霊　これはペニスの代わりか。

司会　いや、違います。

文鮮明守護霊　ん？　これを見せると女性は興奮するんじゃないか。こんな赤い尖《とが》ったものを見たら、みな、おかしくなってくる。

司会　それはあなたです。

文鮮明守護霊　え？　わし？　わしも確かにそうなんだ。

司会　あなたはそうなんです。

文鮮明守護霊　これ、おかしいな。何だか怪《あや》しい。

司会　あなたは、あの世で十字架を使っていますか。

文鮮明守護霊　十字架？　わしに十字架を打ち込《こ》もうとしたやつはおったな。

司会　十字架を打ち込む？

文鮮明守護霊　打ち込もうとしたやつはおったけど、洞窟《どうくつ》のなかだから、打ち込めないんだよ。引っ掛かっちゃうんだ。

司会　どういう方が来て、十字架を打ち込もうとしたのですか。

文鮮明守護霊　え？　何だか変なやつらで、蝶の化け物みたいなものがときどき出てくる。

A――　蝶の化け物が出てくる？

司会　羽が大きい？

文鮮明守護霊　うん、そうそう。

司会　上のほうから降りてくる？

文鮮明守護霊　上かどうか知らないけど、蝶の化け物だ。普通《ふつう》の蝶とは違って大きいやつだな。

A──　大きい蝶だったら、捕《つか》まえてしまえばいいじゃないですか。おいしいんでしょう？

文鮮明守護霊　いや、それを網で捕まえようとするのだが、何人かは突破《とっぱ》してくるんだよな。

A──　突破してくる？

文鮮明守護霊　筋力がすごく強いらしくて突破してくるんだ。剣《けん》みたいなもので、網を切りながら入ってきて、十字架の先の尖ってるやつで、わしを刺《さ》そうとするやつがいる。

ほんとに、古代的な戦いをする時代遅《おく》れなやつだなと思うね。

司会　それに対して、あなたは糸で戦うのですか。

文鮮明守護霊　そりゃそうよ。

司会　あなたも古代的ではないですか。

文鮮明守護霊　糸をヘェッ、ヒョッ、ショッ、ショワー（糸を飛ばす身振《みぶ》りをする）と飛ばして、相手をグルグル巻きにして飛べないようにするのが、わしの戦い方だ。

司会　かなり古代的な戦い方ですね。

文鮮明守護霊　そうかな？　スパイダーマンって、あれは、わしからインスピレーションを受けたんじゃないかな？　今、そんな映画が流行《はや》っとるらしいじゃないか。

司会　スパイダーマンはヒーローですから。

文鮮明守護霊　いや、わしもヒーローだよ。

司会　〝下〟の暗い世界のヒーローですね。

文鮮明守護霊　暗い世界だと？　君なあ、バットマンだって、スパイダーマンだって、暗いぜ。何言ってんだ。

光ではなく、「人の魂《たましい》」をエネルギーにする文鮮明守護霊

A――　光は好きではないのですか。明るい所とか。

司会　あなたには明るい所は無理でしょうね。

文鮮明守護霊　光って何？　君、何をもって光と言ってるんだ？

A――　洞窟のなかでは、やはり、光が必要ではないですか。

文鮮明守護霊　いや、「暗闇でも目が利く」っていうのは、素晴らしいことだよ。それが神通力《じんつうりき》じゃないか。何言ってんだ。

A――　そうですか。でも……。

文鮮明守護霊　君らは、ライトがないと見えないんだろう？　わしは暗闇のなかでも見えるんだ。これは、すごい神通力であり、六大神通力を超《こ》えてるんだよ。

司会　いや、暗い所にずっといると、目が慣れてよく見えるようになるんですよ。

文鮮明守護霊　君、失礼な言い方をするね。神秘力を否定しちゃいけないよ。

司会　いやいや、あなたは明るい所にいられないんです。

文鮮明守護霊　君、罰《ばち》が当たるぞ！　罰が。

司会　あなたは、明るい光を見たらどうなりますか。

文鮮明守護霊　明るい光はあんまり見てないから、よく分からん。

司会　まぶしいですよね。

文鮮明守護霊　（照明を指して）ああ、あそこ。ああ、まぶしいな。あんなのを見て、君は生活したいのか。

A――　明るいほうが健康上よいです。

文鮮明守護霊　あれを地獄《じごく》というんだ。

司会　いや、エネルギーというのは光です。

文鮮明守護霊　何だ、君らは。訳が分からない。

司会　あなたは、エネルギーをどこから取っているのですか。

文鮮明守護霊　何？

司会　エネルギーです。

文鮮明守護霊　だから、「食べてる」って言ってるじゃないか。

A――　それなら、あなたの霊的なエネルギーの源泉は、人の魂《たましい》を捕《と》って食べることですね。そういうことではないですか。

文鮮明守護霊　うん。まあ、人の魂を食べてだね、わしの胃袋《いぶくろ》を通過することによって、彼らを浄化していく。これが私の尊い仕事だよ。

A――　なるほど。

文鮮明守護霊　それで、うんちにして出してやる。まあ、そういうことだな。

司会　そのために、地上にいる文鮮明氏を使って、信者を集めているんですね。

文鮮明守護霊　うーん、いや、それは、ちょっと違うかもしれないな。

司会　食糧《しょくりょう》確保とどう違うんですか。

文鮮明守護霊　いや、信者たちが、私に貢《みつ》いできているんだ。どちらかというとな。

司会　「食べてください」と？

文鮮明守護霊　信者たちが人を連れてきて、「どうぞ、お召《め》し上がりください」と貢いできている。

統一協会での「段階的な騙《だま》し方」とは

司会　そのためには、ビデオセミナーに行かないといけないんですよね。

文鮮明守護霊　それはそうだ。いや、それ以外でもいいんだ。いきなり信じるのが、本来の筋ではあるんだけどども、われらはものすごく親切だから、丁寧《ていねい》にやってるだけだ。

君らは、ちょっと親切さが足りないんだよ。書店で本を売ってるだけだろ？　こんなんでは、君、宗教なんか成り立たないよ。早くやり方を変えたまえ。

司会　どのように親切にするのですか。

文鮮明守護霊　書店で本を読んで自由に入会するなんて、こんなばかな宗教があるはずがない。

司会　では、少し〝親切さ〟を教えていただけませんか。どのようにやったらいいのですか。

文鮮明守護霊　え？　だから、書店で本を自由に買って読んで、入るか入らないかを決めてるなんてのは駄目《だめ》だよ。

司会　当会のやり方は分かりましたから、そちらの〝親切なやり方〟を教えてください。

文鮮明守護霊　〝親切なやり方〟としては、まあ、段階的に順番に騙《だま》していくことが大事なんだ。

Ａ――　騙して？（会場笑）どのようにですか。

文鮮明守護霊　いやあ、段階的に順番に導いていくことだ。

ちょっと言い間違えたんだ。何言ってるんだ。人の言い間違いに付け込むのは、悪魔の考えだ。

司会　いや、付け込んでいません。あなたが勝手に間違えただけではないですか。

文鮮明守護霊　だから、段階的に、その人の魂の悟《さと》りに応じて、少しずつ少しずつ奥のほうへと導いていくことが大事だ。

洞窟の奥へ奥へと入っていったら、そこは迷宮になっていて出れなくなるわけだ。そして、順番に食べられることになるわけだ。

統一協会の信仰《しんこう》を持つと、後頭部に〝クモの糸〟がくっ付く

司会　その人が生きている間に、体に何か変化はあるのでしょうか。どんな感じで変化するのでしょうか。

文鮮明守護霊　そうだね。信仰《しんこう》が立ったら、みな、後頭部に〝クモの糸〟の端《はし》っこが、プチュッとくっ付くんだよね。
みな、糸が付いているので、たぐりよせれば、引っ張られるような感じになるな。

司会　糸が付かない人というのは、どういう人なんですか。

文鮮明守護霊　付かない人？　付かない人は〝信仰心〟がない人だよ。

司会　どういう信仰心がないのですか。

文鮮明守護霊　「信仰心がない」っていうか、やっぱり、〝キリストの再臨〟を信じない人だね。うん。

司会　それでは、世界中にいるキリスト教徒はどうなのですか。

文鮮明守護霊　世界中にいるキリスト教徒たちは、悔《く》い改めてないんだな。「今のキリスト教で救われる」と思って、騙され、洗脳されている連中だ。教会なんかで救われるわけがないんだよ。今は、教会の牧師自身が地獄に堕《お》ちてる時代だからね。

司会　しかし、あなたの言う「救われる」というのは、糸をパチッと付けられて、食べられることではないですか。

文鮮明守護霊　「救済する」って言うのは、君ねえ、あれだよ。例えば、嵐《あらし》の日に、君らが手漕《てこ》ぎ舟《ぶね》に乗っていて、そこで溺れてる人がいたとする。当然、ロープを投げて救うでしょう。おんなじことをやってるだけじゃないか。みな、浮《う》き輪《わ》付きのロープを投げるだろうが。それをやってるんじゃないか。それを、たくさん、たくさんやってるから、大救世主なんだ。

A――　伝統的なキリスト教の人たちに対してはどう思いますか。

文鮮明守護霊　ああ、見てて、もうほとんど地獄行きだね。うん。

A――　え？　全員、地獄行きなんですか。

司会　それを見たんですか。

文鮮明守護霊　「堕落論《だらくろん》」が分かってないから、みな、だいたい地獄行きだよ。

司会　その人たちが、実際に、どこに行ったかはご存じですか。

文鮮明守護霊　まず、「堕落論」が分かることから始まるんだ。まず、それを受け入れることだ。堕落して、「自分たちは、もう底の底まで堕《お》ちた」ということを知って初めて、そこから目覚めて立ち上がり、復帰しようとする。それが〝悟りへの道〟なわけね。君らの言葉で言えばね。

だけど、今の教会は、「金儲《かねもう》けをし、欲を膨《ふく》らますことでハッピーになったら、それでいい」みたいな指導をしてる。これはみな、悪魔の教えに完全に洗脳されてるな。

文鮮明守護霊のそばには〝七大グモ〟がいる

司会　イエス様の弟子《でし》や七大天使など、そういう方々とのかかわりはあるのですか。

文鮮明守護霊　七大天使？　七大天使……。

司会　あなたと関係ないんですか。

A――　イエス様であれば、まわりを固めているのではないですか。

文鮮明守護霊　ああ、そうだね。わしはイエスだ。わしはイエスだ。

A――　イエス様なのに、なぜ七大天使や十二弟子がそばにいらっしゃらないのですか。いつからいなくなったのですか。

文鮮明守護霊　七大天使はあれだけど、〝七大グモ〟みたいなのがいることはいるよ（会場笑）。

Ａ――　〝七大グモ〟？

文鮮明守護霊　真っ黒いやつとか、毛深いやつとか。

Ａ――　種類が違うのですか。

文鮮明守護霊　うん。口がすごく尖ってるやつとか、針が長いやつとかな。

司会　その人たちは何をやって、そのように偉くなったのですか。

文鮮明守護霊　それは、やっぱり大幹部をやって、そうなったんだ。

司会　どこの大幹部ですか。

文鮮明守護霊　うちの。

司会　ああ。

文鮮明守護霊　君らみたいな幹部をやっていたな。

10　文鮮明守護霊《しゅごれい》の魂《たましい》の遍歴

旧約の預言者・エレミヤを井戸《いど》に吊《つ》るしてクモになった

司会　過去世《かこぜ》では何をしていたのですか。

文鮮明守護霊　ええ？　過去世なんて、そんなもの知らないよ。

司会　過去世はありませんか。

文鮮明守護霊　昔から、クモをやってるんだよ。

司会　え？　昔からクモ？

A――　ずっとクモなんですか。

文鮮明守護霊　ああ、いやいや、誘導尋問《ゆうどうじんもん》がうまいなあ。検事にやられたことはあるけども……。

司会　あなたは、いつからクモになったのですか。

文鮮明守護霊　いや、クモじゃなくてだねえ、救済の象徴《しょうちょう》として、今、そういう姿をとってるんだ。

司会　そのような象徴となったのは、いつごろですか。

文鮮明守護霊　霊体は自由だから、何でも構わないんだけども、「大勢の人を救いたい」「隅《すみ》から隅まで救いたい」という気持ちが、クモの網《あみ》となって表れてるだけであってね。

A――　では、二千年前からクモだったんですね。二千年前のイエス様の時代は、クモだったんだ。

文鮮明守護霊　うーん、日本語はちょっと難しいが、イエスは、「クモに乗って、空を飛んだ」と言っている。

A――　いや、それは「雲」です（笑）。字が違《ちが》っていませんか。

司会　あなたがクモになられたのは、いつごろですか。

文鮮明守護霊　君、何だか変なことを言うなあ。

A――　思い出せそうな感じがしますね。

文鮮明守護霊　わしがクモになったのはいつだったかって？　何で、君は、わしにそんなことを訊《き》くんだ。イエスに対して失礼だろうが！

司会　しかし、「救済のかたち」としてのクモですから。

文鮮明守護霊　救済のかたち……。

A――　悪いことではないですよ。

文鮮明守護霊　そうだなあ。

A――　救済したくて、スパイダー（クモ）になったんでしょう？

文鮮明守護霊　ああ、もう、時代が古いからなあ。本当に、昔のことを思い出すのは難しいなあ。

A――　そうとう昔ではないですか。

文鮮明守護霊　「わしが本当の救済に目覚めたのはいつか」ということを訊《き》きたい

わけだな。

司会・Ａ——　そうです。

文鮮明守護霊　わしが本当の救済に目覚めたのはいつごろだったかなあ？　うーん、「バビロン捕囚《ほしゅう》」［注１］のころだったような気がするなあ。

司会　バビロンの捕囚のころですか。

Ａ——　ずいぶん古いですね。

文鮮明守護霊　うーん、そうだなあ。あのエレミヤ［注２］を井戸《いど》に吊《つ》るして、いじめたときが面白《おもしろ》かったなあ。

Ａ——　ああ。

文鮮明守護霊　あれは面白かった。

司会　エレミヤと関係があったのですか。

文鮮明守護霊　あいつを縛《しば》り上げて、ロープで井戸に吊るしてねえ。

A――　ああ、「縛る」というのは、そういうことだったんですね。

文鮮明守護霊　井戸の下に沈《しず》めて、上げたり下げたり、上げたり下げたりした。あれで、わしは初めてクモになったのかなあ。

司会　そのとき、何と言うお名前だったのですか。

文鮮明守護霊　わしの名前？　何だったんだろうねえ。だけど、アッシリアのほうの人間だったような気がするなあ。

司会　それから、ずっと洞窟《どうくつ》で……。

文鮮明守護霊　いや、違う、違う。わしは、何を言ってるんだ。わしはイエスじゃ。わしはイエスじゃから、何を……。

司会　そのあと、その洞窟をずっと護《まも》っていらっしゃるんですね。

文鮮明守護霊　いや、それは井戸だから、そこじゃない。

司会　あなたが死んだあとのことです。

文鮮明守護霊　君が「いつ変身したか」「いつ〝スパイダーマン〟になったか」と訊いたから、思い出してみたんだ。

まあ、「井戸にエレミヤを吊るしたあたりの記《き》憶《おく》があるなあ」と、今、ふと思い出しただけだ。

［注1］ユダヤ人の国は、ソロモン王の没後《ぼつご》、イスラエル王国とユダ王国に分裂した。そして、イスラエル王国はアッシリアに滅《ほろ》ぼされ、人々は奴隷《どれい》としてアッシリアに連行された（紀元前七二二年）。一方、ユダ王国は、アッシリアに従属したのち、新バビロニアに征服《せいふく》され、住民の多くが新バビロニアの都バビロンに連行された（紀元前五八六年）。これを「バビロン捕囚」という。

［注2］古代ユダヤの預言者。「正しい信仰を持たねば、国が滅ぶ」と訴え、ユダ王国の滅亡を予言したために、縄《なわ》にくくられて泥沼《どろぬま》の井戸のなかに吊るされるなど、激しい迫害を受けた。明治・大正期のキリスト者、内村鑑三《うちむらかんぞう》の過去世でもある。

ユダに取り憑《つ》き、イエスに対して嫉妬《しっと》させた

司会　そのあと、地上で何か悪いことをしたことがありますか。

文鮮明守護霊　え？　地上で悪いこと？

司会　地上で何かされたことがありますか。

文鮮明守護霊　地上で……。ああ、そうだね。ユダっていう……。

A――　ユダ？

文鮮明守護霊　いやあ……。ユダに取り憑《つ》いて……。

A――　思い出してください。

文鮮明守護霊　嫉妬《しっと》させた感じがするな。
イエスがマグダラのマリアとあんまり仲良くやってるので、「あれはいかん。あれは堕落している。ああいうことをしておったんでは、神の怒《いか》りを買うから、マグダラのマリアを近づけてはいけない。あれは、おまえのもんじゃ」と、ユダに囁《ささや》いたことはある。

司会　ああ。

文鮮明守護霊　ああ！　何で、わしがこんなことを言わなきゃいけないんだよ。君ら、妖《あや》しい催眠術師《さいみんじゅつし》だろうが。何かおかしいぞ。

司会　いやいや。そのあとは、また何かされていますか。

文鮮明守護霊　「そのあとの偉大《いだい》な業績として何があるのか」って言うのか。

司会　はい。

Ａ――“救済”の歴史を教えてください。

ローマ皇帝《こうてい》に取り憑《つ》いて、人殺しを見世物にした

文鮮明守護霊　そうだな。そのあとの偉大な業績としてはだなあ……、ローマの時代は、まだ、だいぶ続いておったから、やっぱり、ローマの皇帝《こうてい》に取り憑《つ》いたことはあるような気がするなあ。

司会　何と言う皇帝ですか。

文鮮明守護霊　カリー……、え、いや。カリギュラだったかな？　あれ？　ネロ？　カリギュラ？　ネロ？　ん？　カリギュラ？　ネロ？　いや、何だか、いつもいたような気がするなあ。

ハハ、まあ、イスラエルとローマは続いてるからねえ。わしは勤勉だから、いつも働いておったような気がする。うーん。

司会　ローマでは何をされていたんですか。

文鮮明守護霊　宮廷《きゅうてい》に入り込《こ》んでだな……、いやいや、宮廷を指導しておった。「ローマ皇帝はどうあるべきか」ということをいつも指導しておったな。

司会　目的は何ですか。

文鮮明守護霊　だから、まあ、「みんなから捧《ささ》げ物《もの》を集めさせて、貢《みつ》がせる」ということをやっておったな。うん。

司会　貢がせるのがお好きなんですね。

文鮮明守護霊　うーん、そうだねえ。まあ、どちらかと言ったら、貢がせるのは好きだなあ。権力や、血を見るのも好きだった。

司会　血を見るのが好き?

文鮮明守護霊　剣闘士《けんとうし》の戦いもやらせた。コロッセウムで剣闘士にライオンと戦わせたり、ライオンにキリスト教徒を追い回させたりしたな。人をライオンに食わせたり、人を殺したりするのを見世物にしたんだ。
そういうことをローマ皇帝にさせるために、わしが指導をしたなあ。うーん。

A――　ローマ皇帝は、かなり立場が上ですが。

文鮮明守護霊　わしは偉いからねえ。やっぱり、ローマ皇帝ぐらいでないと、弟子としてふさわしくないだろうが。まあ、そういうことだよなあ。
ローマの時代は、ほんと、勤勉に働いたなあ。イエスを処刑《しょけい》してからあと、ずいぶん働いたような気が……、あ!　いやいやいや（会場笑）、イエスであった時代から、ずいぶん働いたような気がする。うん。

大勢の人が喜ぶ姿を見たくて、イエスを十字架《じゅうじか》に架けた

司会　ただ、宗教家とは少し違いますね。

文鮮明守護霊　そうかなあ。

司会　権力が欲しいのですか。

文鮮明守護霊　いや、そんなことはないよ。まあ、「みんなを喜ばせてやりたかった」ということかな。

司会　「自分にひざまずかせたい。貢がせたい」ということですか。

文鮮明守護霊　いや、そんなことはない。単に、大勢の人が喜ぶ姿を見たかったん

だよ。

司会　ああ。

文鮮明守護霊　だから、イエスを十字架《じゅうじか》に架けたときも、みんなが「ワーイ、ざまあみろ」と言って、手を叩《たた》いて喜んでるのを見るのは、気持ちよかったなあ。

司会　ああ。

文鮮明守護霊　ん？　ん？　ん？　ちょっとおかしいかなあ。

司会　いやいや、全然、おかしくないです。

文鮮明守護霊　なんか、おかしいこと……。わし、何かおかしいことを言ったかなあ。

A――　全然、おかしくないです。歴史を教えていただいております。

文鮮明守護霊　いやあ、だから、もう、十字架に架けてブスブスッと刺《さ》すのは、快感だったなあ。あれは、ほんとに。

司会　では、あなたがメインで、それは……。

文鮮明守護霊　あ！　いや、わしはサドでねえ。やられるのに、ほんとに苦痛を感じた（マゾ？）。苦痛を感じながらも、「とうとう仕事を終えた」ということに対して満足を得た。うん。

A――　むしろ、サディスト的な面が強いような気もしますが、サディストとは違うのですか。

文鮮明守護霊　うーん、サディストねえ。まあ、血は……。

A──　血は好きなんですね。

文鮮明守護霊　好きだね。血を見るのは好き。お金も好き。

A──　お金も好き?

文鮮明守護霊　うーん。

11　統一協会と共産党が対立する霊的《れいてき》背景

霊界で共産党と洞窟《どうくつ》の取り合いをしている

司会　今、あなたが「勝共連合《しょうきょうれんごう》」などで政治にかかわっているのは、なぜですか。

文鮮明守護霊　ローマ時代の血に飢《う》えた感じというか、やはり、何て言うのかなあ、軍国主義みたいなのが、わしは、ほんとに好きなんだなあ。

司会　共産党と対立しているのはなぜですか。

文鮮明守護霊　共産党と対立しているのはねえ、縄張《なわば》り争いをしているんだよ。わしの洞窟《どうくつ》と向こうの洞窟とで取り合いがよく起きるんだよなあ。

司会　つながっているのですか。

文鮮明守護霊　いや、つながってないんだよ。洞窟の数が限られてるからさ。向こうも洞窟に入りたがるだろ？　だから、取り合いになる。

司会　共産党のどんな方がいますか。

文鮮明守護霊　え？　いや、だから、マルクスとか……。

司会　マルクスは〝繭《まゆ》〟のなかにいるのですが（『マルクス・毛沢東《もうたくとう》のスピリチュアル・メッセージ』〔幸福の科学出版刊〕第1章参照）。

文鮮明守護霊　だけど、あれは洞窟だよ。洞窟に入ってるんだよ。

司会　洞窟にマルクスもいるのですか。

文鮮明守護霊　いや、一緒《いっしょ》にはいないよ。別の所にいる。

司会　洞窟の取り合いになるのは、どなたですか。

文鮮明守護霊　山のなかの洞窟って、数が限られてるからね。しかも、よく選ばなきゃいけない。わしみたいな大きな体になると、大きな洞窟が必要だし、弟子《でし》たちも成長しておるからね。成長した弟子たちを入れるために、家《や》探しをしなきゃいけないんだ。

A――　成長した弟子というのは、クモなんですか。

文鮮明守護霊　幹部たちはクモだね。だから、そいつらが住む場所を与えてやらねばならないので、〝空き家〟を探してるんだ。

軍隊を持っている鄧小平《とうしょうへい》は怖《こわ》い

司会　先ほど言ったヒトラーや鄧小平《とうしょうへい》などが〝地下帝国〟を広げているらしいのですが（『国家社会主義とは何か』『アダム・スミス霊言《れいげん》による「新・国富論」』〔共に幸福の科学出版刊〕参照）、そういう人たちとは、ぶつからないのですか。

文鮮明守護霊　だから、ぶつかるんだ。場所の取り合いで、ぶつかることが多い。

司会　鄧小平とは、実際にぶつかっているのですか。

文鮮明守護霊　鄧小平？　鄧小平は偉いからなあ。ちょっと、向こうが……。

司会　向こうのほうが上なんですか。

文鮮明守護霊　うーん。中国のほうが、ちょっと大きいんでなあ。

司会　それなら、少し貢《みつ》ぎ物《もの》などをしないといけないですね。

文鮮明守護霊　中国は韓国《かんこく》より大きいので、鄧小平は、ちょっと怖《こわ》いなあ。うーん。

司会　怖いですか。

文鮮明守護霊　うん。怖い。軍隊を持っとるからなあ。さすがに宗教家といえども、軍隊とは戦えんのでなあ。

金日成《きんにっせい》は陣地《じんち》を張って〝クモ退治〟をしてくる

司会　金日成《きんにっせい》など、そういった方々はどうですか。

文鮮明守護霊　いや、何とか説得しようとしてるんだけど、向こうも、また陣地《じんち》を張ってるんでね。

司会　そことは戦っているわけですね。

文鮮明守護霊　陣地を張ってて、わしになかなか帰依《きえ》しないんだよ。

司会　ああ。

文鮮明守護霊　わしは説得しておるんだけどねえ。南北朝鮮《ちょうせん》の平和的統一を推《お》し進めとる人間としてね。「金日成がわしに帰依すれば、南北統一はなる」と思って、今、一生懸命《いっしょうけんめい》、彼を帰依させようと努力しておるんだが、あれもまたすごい感じで、山に陣取っとるんだよ。

司会　ああ。

文鮮明守護霊　なかなか帰依しないで、部下とともに戦っとるのでねえ。山賊《さんぞく》みたいだなあ。一種の山賊みたいな感じで、あっちはあっちで〝クモ退治〟をやってくるんだ。

司会　〝クモ退治〟ですか。

文鮮明守護霊　うーん、だから、今んところ、山岳《さんがく》地帯の占領戦《せんりょうせん》が続いてるなあ。

司会　向こうは、近代兵器で攻《せ》めてきませんか。

文鮮明守護霊　近代兵器だけど、ちょっと古くなったらしい。

司会　近代兵器でも古いかもしれませんね。

文鮮明守護霊　あんまり役に立たないんだよ。あっちがロケット砲《ほう》を撃《う》っても、自分の頭の上に落ちてくるんだよ。

司会　あなたは、クモの糸で戦っている？

文鮮明守護霊　ああ、わしは糸だ。ちょっと古代的かなあ。

Ａ――　あなたの弟子たちは、クモの糸を吐《は》くのではなく、違《ちが》う武器で戦っているのですか。

文鮮明守護霊　弟子にも種類はあるからね。ま、クモがいちばん偉いが、クモの下に、人間のような格好をしたものもいるよ。

Ａ――　ああ、そうですか。

文鮮明守護霊　うん。それらは、君みたいに槍《やり》を持ったりしてるよ。そんなやつもいるさ。槍で刺《さ》してるんじゃないか。

刺又《さすまた》みたいなもので、刺してるやつとか、武器を持ってるやつは、ほかにもいるよ。弓で矢を射るやつだっていることはいるよ。

司会　それも古典的ですね。

文鮮明守護霊　うん？　まあ、いちおう武器はある。でも、近代の政治家は軍隊を持ってるので、まともに戦うと被害《ひがい》が大きい。上手にやらないと危ないな。

特に洞窟だから、火炎《かえん》放射器みたいなもので撃ち込《こ》まれるのが、いちばんこたえるんだ。

司会　そうですね。

文鮮明守護霊　何十メートルもある炎《ほのお》をぶち込まれると、丸焼けになるんだよ。

司会　そうとうダメージを受ける？

文鮮明守護霊　うん。だから、逃《に》げ口をつくっとかないといけない。

A――　火が嫌《きら》いなんですか。やはり、火とか、明るいものが嫌いなんですね。

文鮮明守護霊　火はまずい。火はまずいなあ。

A――　火はまずい？　そうですか。

文鮮明守護霊　うん、うん。

12　文鮮明が持っている「宗教観」とは

信者の「自由」を許さず、絶対服従させる統一協会

司会　あなたの嫌《きら》いなものを、ほかにも教えていただけませんか。

文鮮明守護霊　（舌打ちし、咳《せき》をする）うん、まあ。

司会　文鮮明さんの嫌いなものは何ですか。

文鮮明守護霊　嫌いなものはだねえ。まあ、人類を堕落《だらく》させるものが嫌いだな。

司会　例えば？

文鮮明守護霊　人類を堕落させるものは、まずは間違《まちが》った宗教だ。それがいちばん大きい。

司会　どういう宗教ですか。

文鮮明守護霊　だから、おまえたちみたいな宗教がいちばん嫌いだ。

司会　幸福の科学の教えのどういう内容が嫌ですか。

文鮮明守護霊　うーん、そうだね。君たちは悪魔《あくま》の自由を勧《すす》めるからね。それがよくない。

司会　具体的に言うと、どういう教えですか。

文鮮明守護霊　各人が神みたいになれるんだろ？　「各人が神や仏みたいに自由に動ける」なんて、それは、まさしく悪魔の教典そのものだ。

司会　今、世界中に自由主義が広がっていますけれども。

文鮮明守護霊　だから、それが悪魔の教えなんだよ。

司会　「共産主義のほうがよい」ということですか。社会主義とか。

文鮮明守護霊　共産主義も駄目《だめ》だ。あっちも駄目だけど、こっちも駄目だ。

司会　全体主義がいい？

文鮮明守護霊　両方駄目で、やっぱり、統一協会以外に救えるものはないんだ。

司会　なぜ、自由は駄目なのでしょうか。

文鮮明守護霊　ん？　自由は駄目っていうか、それだと言うことをきかないだろう？

A――　ああ、「言うことをきく」というのが、よいことなんですね。

文鮮明守護霊　いや、「言うことをきかない」っていうことは、「クモの糸から逃《のが》れられる」っていうことだからね。

自由が利《き》くと、せっかく捕獲《ほかく》したやつが逃《に》げるからね。

司会　しかし、あなたは自由なほうがうれしいですよね。

文鮮明守護霊　ん？

司会　ぐるぐる巻きにされて自由がなくなったら、あなたは嫌ではないですか。

文鮮明守護霊　わしみたいな大きなものをぐるぐる巻きにできるようなものが、この世にあるはずがない。

司会　では、火炎《かえん》放射器などでやられたらどうですか。

文鮮明守護霊　ああ、軍隊はちょっと嫌だなあ。

A――　しかし、今日、ここに来られたのは、引っ張られたからではないですか。

文鮮明守護霊　ん？　ん？　ん？

A――　今日、ここに来られたのは、強い力に引っ張られたからではないですか。そうではないのですか。

文鮮明守護霊　今日ね……。

A――　思い出してみてください。

文鮮明守護霊　これはいったい何なんだ。何で来たんだ？　何で……。

A――　ご自分の自由意志で、ここに来ていないわけですから、違う方の意志で来たと思いますよ。

司会　あなたの自由は許されるわけですね。しかし、ほかの人の自由は許したくない？

文鮮明守護霊　わしは神だからね。

司会　ほかの人は自由であってはいけないと。

文鮮明守護霊　うん。やっぱり、神に対して絶対服従することによって、護られるわけだ。

司会　人間には、自由に伴《ともな》う喜びのようなものは与《あた》えないのですか。

文鮮明守護霊　だから、「いったんクモの巣に掛《か》かったら、もう逃げてはいかん」ということが、絶対服従の意味だ。

司会　幸福の科学では、一人ひとりに学びの自由や情報を得る自由がありますが、そういうものは与えたくないわけですね。

文鮮明守護霊　それでは、宗教として成り立ってないよ。

司会　成り立ってない？

文鮮明守護霊　それでは宗教にならないね。

文鮮明守護霊が理想とする宗教は、「絶対、逃《に》げられない宗教」

司会　あなたが理想とする宗教のかたちを教えていただけますか。

文鮮明守護霊　理想とする宗教……。

司会　理想とする信者のかたちとか。

文鮮明守護霊　いったん入ったら、絶対、逃《に》げられない宗教が理想だね。

司会　当会のように、「入るも自由、出るも自由」というのはどうですか。

文鮮明守護霊　ああ、これは駄目だ。宗教になってない。まだ、宗教になってない。

司会　駄目ですか。

文鮮明守護霊　これは、もう、映画や演劇を観るのと、ほとんど変わらないな。

司会　ああ。

文鮮明守護霊　だから、「映画や演劇を観てる二時間だけが信者である」ということだな。

これは宗教になってないわ。宗教ならば、いったん入ったら、もう〝鍵《かぎ》〟を閉めてしまわなきゃ駄目だよ。

司会　あなたのところは、絶対に出られないのですか。

文鮮明守護霊　出られないようにする。

司会　逃げようとする方はいませんか。

文鮮明守護霊　まあ、いるけどねえ。いるけど、やっぱり、しつこいよ。

司会　追うのですか。

文鮮明守護霊　うん、しつこい。人間関係を非常に密にするのでね。

司会　それは、結婚《けっこん》とか、そういうかたちで……。

文鮮明守護霊　信者になる前に、何カ月、あるいは一年、二年と、もう糸をぐるぐるに巻いてあるから、そんな簡単には逃げられない。

司会　それが洗脳するためのビデオセミナーなどですね。

文鮮明守護霊　なかに入ったら、今度は活動に巻き込《こ》んでいくから、そう簡単には逃げられない。

みな、共犯心理を持っておるので、逃げることはできないね。

司会　共犯ですか。

文鮮明守護霊　ああ、いや、いや、言葉を間違えた。何て言うか、教団は共同正義を行うことで慣らしているために、「正義から逃れる」というのは難しいことだね。

司会　みな、「悪いことをしている」という気持ちがあるわけですね。

文鮮明守護霊　ない、ない。全然ない。神のために尽《つ》くしてるのに何の悪がある？

司会　みなさん、罪の意識が……。

文鮮明守護霊　「この世の世界は堕落しておって、悪の世界だ」と教えてある。「この世の考え方は、みな、悪だ」と教えてある。

司会　分かりました。

13 統一協会が目指すもの

ローマ法王が〝クモの巣〟に引っ掛《か》かるのを待っている

司会　最後に、質問させていただきたいことがあります。あなたが目指す、今後の社会のあり方とはどのようなものですか。あなたの目的、あなたの狙《ねら》いは何ですか。

文鮮明守護霊　ああ、もう、それは地球の征服《せいふく》です。

司会　地球の征服？

文鮮明守護霊　当然です。

司会　宗教が地球を征服できるんですか。

文鮮明守護霊　あ、いや、征服じゃない。わしは、ちょっと日本語を忘れただけなんだ。君、そういう人の言葉尻《じり》をつかまえて……。

司会　いえいえ、ご自分で間違《まちが》われているのですから、人を責めないでください。

文鮮明守護霊　わしは、日本人じゃないんだから、間違えたっておかしくないだろうが。

司会　どうぞ、どうぞ、間違えてもいいですよ。

文鮮明守護霊　君らの英語と変わらないんだから。

司会　はい、どうぞ、どうぞ。

文鮮明守護霊　そんなもの、間違うもんだ。

えー、地球に〝クモの巣〟をかけることだ。

司会　それは征服と変わらないではないですか。

文鮮明守護霊　まあ、まあ、まあ（会場笑）。逃《に》げられないようにするだけのことだから、征服ではないんだ。

司会　ただ、あなたの宗教がそこまで広がるでしょうか。

文鮮明守護霊　もう、すでに世界に広がって、バチカンが怯《おび》えとるからな。うん。

司会　怯えているんですか。

文鮮明守護霊　バチカンのローマ法王なんて、死んだら、みな、わしの〝クモの巣〟に引っ掛《か》かってくるんだ。

司会　それはないのではないでしょうか。

文鮮明守護霊　いや、堕《お》ちてくるよ。いっぱい堕ちてくるんだよ。

司会　堕ちてくる？

文鮮明守護霊　うん、いっぱい堕ちてくるんだよ、あれは、もう権力の権化だからね。堕ちてくるよ、いっぱい。

司会　ああ、そうですか。

文鮮明守護霊　いっぱい堕ちてくる。うん。それを待ってるんだ。

司会　信仰を持っているのに、あなたの所に堕ちてくるのは、どんな方ですか。

文鮮明守護霊　天国に還《かえ》る人は数が少ないだろうね。ほとんどいないね。

司会　天国に還る人は、あなたの所には来ない？

文鮮明守護霊　天国に還る人は、ローマ法王なんかには、ほとんどいないと思うよ。ほとんど地獄《じごく》に堕ちてると思う。

司会　それでは、あなたのいる所は地獄だということですね。

文鮮明守護霊　え？　え？（会場笑）　地獄に堕ちないように〝セーフティネット〟を張っとるわけだよ（会場笑）。クモの巣のようにな。

司会　では、統一協会の方で天国に還る人はいますか。

文鮮明守護霊　うーん、君の質問は、もうひとつ分かりにくいんだけどなあ。わしの日本語の理解力が落ちたのかなあ。

司会　統一協会の方で明るい世界に還る人はいますか。洞窟《どうくつ》以外に還る人はいますか。

文鮮明守護霊　君さあ、砂漠《さばく》地帯だと、明るい世界、太陽ギラギラの世界っていうのは、地獄なんだよ。

司会　ああ、灼熱《しゃくねつ》地獄ですね。まあ、そういう所は別としてですね。

文鮮明守護霊　だから、そういう所にはいたくない。日陰《ひかげ》が天国なんだよなあ。

司会　統一協会に入ったら、ほぼ洞窟に行ってしまうのですか。

文鮮明守護霊　あんなライトみたいなものに、毎日、照らされて、ギラギラと焼きつけられたら、それはもう、目はつぶれるし、体は熱いし、たまらないだろう。

A――　明るいのが嫌《きら》いなんですか。

文鮮明守護霊　「みな、日陰の涼《すず》しい所で楽に住める」ということだよな。うん。

司会　分かりました。

文鮮明守護霊が幸福の科学にしておきたい〝説教〟とは

司会　それでは、最後に、何か言いたいことがあれば……。

文鮮明守護霊　「言いたいことがあれば」じゃないだろう？　感謝の言葉だろうが。

司会　はい（苦笑）。ありがとうございました。

A――　本日は、本当にありがとうございました。

文鮮明守護霊　うん。そうか、分かったか。

司会・A――　はい。

文鮮明守護霊　だから、君らも早くビデオセミナーに来るようにな。幸福の科学の信者は勉強が足りてないようだから、このビデオをかけて、みんなに統一協会のビデオセミナーに、半年ぐらい通うように言いなさい。

君らの本を読んだだけじゃ、全然、救われないからな。そんなもんじゃ、救われないし、君らの支部なんて、あんなに粘着力《ねんちゃくりょく》が弱くては、もう駄目《だめ》だよ。そんな、「誰《だれ》でも入れて、誰でも逃げられる」というのでは、駄目だ。宗教っていうのは、いったん入ったら、絶対、逃げられないようにしなきゃ駄目だよ。

君ら、ほんとに、たるんどるわ。世界宗教なんかになれないよ。私たちみたいに世界宗教になりたかったら、しっかりと逃がさないようにしないと駄目だ!

最後に、尊い説教を一つだけしておいた。

そうすれば、わしみたいにイエスになれるからな。ま、頑張《がんば》るんだよ。うん。

A――　はい。ありがとうございました。

司会　本日は、どうもありがとうございました。

文鮮明守護霊　うん。

14 統一協会の問題点を総括《そうかつ》する

入信すると〝鍵《かぎ》〟をかけられ、自由を与《あた》えられない

大川隆法　（咳《せき》）こういうことでした。

どうでしょうか。当会との落差は、かなりありましたが、わりとうまく話ができたのでしょうか。実態が、かなり明らかになりましたでしょうか。

司会　そうですね。霊的には……。

大川隆法　霊的には明らかになりましたか。

司会　はい。

Ａ――　後半の、クモの姿をしていることが明らかになったあたりから、雰囲気《ふんいき》が変わりました。

司会　ただ、「世間の人が、どう思うか」という点については……。

大川隆法　「宗教嫌《ぎら》いの人が増えるだけかもしれない」というところがあるわけですね。

Ａ――　イエス様の教えに関して、彼の解釈《かいしゃく》には矛盾点《むじゅんてん》がかなりたくさんあり、話している内容は論理的に目茶苦茶でした。したがって、客観的に見れば、宗教における善悪などについて、浮《う》き彫《ぼ》りになった点は数多くあると思います。

大川隆法　うん。

ただ、これは大変ですよ。確かに、このたぐいの霊の場合には、〝成仏《じょうぶつ》〟など程遠いでしょうから、まずは、悪を押《お》しとどめるところから始めないといけないでしょう。

だから、全部の宗教を丸ごと認めるわけにはいかないところは、やはりあります。すべての宗教を「よい」と認めるなかには、ある意味で、悪を隠《かく》す要素もあるんですね。全部の宗教を「オーケー」と言うと、悪い宗教が隠れられる面もありますからね。

一方、間違《まちが》った宗教を排除《はいじょ》するとか迫害《はくがい》するとかいうことになると、その際の異端審問《たんしんもん》のなかに悪魔《あくま》が入ってくる可能性もあるので、すごく難しいですね。

このように、宗教には何とも難しいものがあります。

教義が他と違っている宗教は多いから、それを判断するのは、この世の人には無理なところもあるんですね。

ところで、幸福の科学観は、「たるんでいる」ということでしたね。「信者の捕《つか》まえ方が足りない。洗脳が足りない」ということでしたね。

司会　はい。

大川隆法　「これでは宗教になっていない。本を読んで、勝手に入ってきて、勝手にやめられる。こんな宗教はありえない。これでは映画か演劇を観ているようなものだ。いったん入った人は、鍵《かぎ》を閉めてしまって出すな」と言っているわけですね。

司会　「自由を与《あた》えてはいけない」と……。

大川隆法　まあ、宗教には、そういう面もあるかもしれないし、〝勉強〟にはなりますけれども、当会は、まだ〝修行〟が足りませんか（笑）。

司会　いや、これは極端な部類なので、この点は当会との大きな違いだと思います。

『聖書』の引用等で間違《まちが》った論理を組み立て、信者を洗脳している

大川隆法　ここは、いったい何人ぐらいを引きつけているのでしょうか。実数は分からないけれども、日本のキリスト教会が、かなり侵《おか》されているのは間違《まちが》いないようです。

ほかのところは、信者数がまったく伸びていないので、こういう新しいキリスト教だけが、キリスト教信者を、あるいは、その周辺を、少しずつ増やしているのは事実でしょう。

統一協会の公称《こうしょう》の信者数である、「日本だけで四十数万人」というのは嘘だとしても、何万人かは押さえている可能性はあるでしょうから、厳しいですね。

司会　明らかに、本当の宗教や真理に敵対する勢力ではあると思います。

大川隆法　うん。

A――　宗教嫌いの人を増やす原因にもなっていると思います。

大川隆法　宗教嫌いが多いことには理由があるんですよ。本当に、入った人がおかしくなってしまう宗教が数多くありますからね。一般《いっぱん》に、「宗教に気をつけてください」と言われていることには、理由がないわけではないのです。

しかし、統一協会と当会への世間の評価や支持率が同じだというのは、さすがに厳しいものがあります。これでは、やはり、努力不足は否《いな》めません。多少、悲しいですね。

司会　そうですね。

本当に霊的実態にまで踏《ふ》み込《こ》まないと、真実は分かりません。外見や言っていることだけでは十分に判断できませんし、『聖書』に基《もと》づいているとか、仏教に似ているとか、そういうやり方でカモフラージュして、人を引きつける教団もあります。

大川隆法　統一協会は、『聖書』を、適宜《てきぎ》、引用してきます。ただ、引用の仕方次第で、どのような論理でも組み立てることが可能ですからね。

仏教系もそうでしょうけれども、「仏典に、こう書いてある」と言って、そのまま実行したりします。

オウムは〝人さらい〟をしていましたが、「釈迦《しゃか》が、最初のころ、無理やり出家させた」というようなところを取って、「だから、やってもよい」と考えていました。

しかし、釈迦は、非難を浴びて、それをやめたんですね。そして、「両親の許可を得なければ、子供たちを出家させてはいけないし、家の跡取《あとと》りは出家させない。出家者は次男以下にする」ということにして、妥協《だきょう》しているのです。

ところが、オウムは、そういうところを無視し、「最初のころに無理やり出家させた」というようなところだけを捉《とら》えて、それを実行していました。

だから、部分的に使うことは可能なんですね。

でも、当会が、統一協会とイメージや支持率が同じというのは、ショックです。「このあたりと、まだ競争しているのか」と思うと、多少つらいですね。ここととの差別化ができていないのは、まだ努力不足なのでしょうか。

なるほど、ここが、外向きはソフトで柔《やわ》らかく見える理由は分かります。深く洗脳していく技術を持っているので、非常に丁寧《ていねい》で、優《やさ》しく親切で、「なぜ、こんな善人ばかりいるのだろう」と思うほど優しいんですね。

司会　入り口は、たぶん……。

大川隆法　入り口は、そうなのでしょう。「ものすごくいい人」に見えるようにできてはいるのでしょうね。

司会　入ったあとは、もう出さないと。

大川隆法　奥《おく》まで行《い》ってしまったら、もう出られなくなっていく。そして、実態が分からないようにしているわけですね。

当会には、かなり正直に言っているところがあるので、それが大きな違いですね。

司会　最後には、彼らは社会から消えていって残らないので、〝果実〟を見ることで違いが分かると思います。

大川隆法　文鮮明は、まだ生きているのだろうし、どんな病気をしているのかは知らないけれども、九十歳《さい》ぐらいなので、いずれは、あの世に行くでしょう。そうすると、どうなるのか。クモが、もう一匹《ぴき》、増えるのか、合体して大きくなるのか、ちょっと分かりませんね。

司会　巨大化《きょだいか》するのかもしれませんが。

大川隆法　そうですね。

そういえば、キリスト教の本当の天使たちが、たまに洞窟《どうくつ》に来るようなことを言っていましたね。また、地獄《じごく》でも、軍隊を持っているような人は怖《こわ》いらしいですね。やはり、クモより軍隊が強いのですか。

司会　「北朝鮮のほうが強い」ということなんでしょうね。

大川隆法　そうでしょう、武器を持っていますからね。ああ、武器が怖いのか。

A——「火炎《かえん》放射器が嫌いだ」と言っていました。そういう「光るもの」が嫌いなようです。

ある程度は、間違った宗教の〝お掃除《そうじ》〟が要《い》る

大川隆法　ただ、統一協会の実態は明らかになったわけです。

まあ、「これを信じるか、信じないか」ということはありますし、これで宗教の人気が上がるかどうかは分かりませんが。

ただ、オウムや統一協会と幸福の科学とが同じように見られて、九〇年代に、そうとう迷惑《めいわく》を受けているけれども、相変わらず同じように見られるのでしょうかね。

司会　いえ、これを突《つ》き詰《つ》めていけば必ず違いが分かると思いますので、やはり、正論を説き続けるしかないと思います。

大川隆法　（ため息）宗教嫌いの人が多いので、ある程度、間違った宗教の〝お掃除《そうじ》〟が要《い》るのでしょうか。少し〝お掃除〟をしないと、宗教嫌いはなくならないかな？

司会　はい、宗教として、やはり、間違っているものに対しては間違っていると言わなければならないと思います。

A――　書店では、宗教書のコーナーで同じように置いてあったりしますので。

大川隆法　そうですよね。

A――　同じ棚《たな》で隣《とな》り合わせに並んでいる書籍《しょせき》を見て、同類型に見てしまうことがあると思います。

大川隆法　「キリスト教だ」と思って入ってしまう人もいるでしょう。

Ａ――　間違えて入る人もいると思います。

大川隆法　「キリスト教だ」と思うわけですね。うーん。いや、厳しいですね。
　では、次に「牧口常三郎《まきぐちつねさぶろう》の霊言」をやりますか。

司会　いったん……。

大川隆法　一回、休みますか。

司会　はい。

大川隆法　この人も責任重大な立場にあるだろうから、今、どう思っているのか、訊《き》いてみたいですね。

司会　いったん休憩《きゅうけい》を取らせていただきます。

大川隆法　そうですか。では、いったん打ち切ります。

第2章

創価学会の源流を探る

――牧《まき》口《ぐち》常《つね》三《さぶ》郎《ろう》の霊《れい》言《げん》――

二〇一〇年八月三十一日の霊示

牧口常三郎《まきぐちつねさぶろう》（一八七一〜一九四四）

創価学会初代会長。師範《しはん》学校卒業後、教師となり、東京・白金尋常《しろかねじんじょう》小学校などで校長を歴任。一九二八年、日蓮正《にちれんしょう》宗《しゅう》に入信。その二年後、創価教育学会（創価学会の前身）を創立し、自身の教育論をまとめた『創価教育学体系』を刊行する。戦時下、治安維持法違反《ちあんいじほういはん》および不敬罪容疑で逮捕《たいほ》され、獄中《ごくちゅう》にて帰天《きてん》。なお、過去世《かこぜ》は、日蓮の六《ろく》老僧《ろうそう》の一人、日興《にっこう》（日蓮正宗の派祖《はそ》）である。

［質問者はBと表記］

1　創価学会初代会長より、現在の考えを聴《き》く

大川隆法　先ほどの文鮮明守護霊《ぶんせんめいしゅごれい》に続き、今回は、牧口常三郎さんの霊言《れいげん》を録《と》りたいと思います。創価学会の初代会長であり、今から八十年ほど前に創価学会を起こした方です。戦前の方で、戦争中に治安維持法違反《ちあんいじほういはん》で捕《つか》まり、獄死《ごくし》をしています。

牧口さんが生きていたとき、創価学会は、公称五千人ぐらいまでしか行っておらず、小さな団体で終わっています。彼は、もともと教育者であり、教育論を書いたり、小学校の校長をしたりしていました。創価学会は、最初、教育運動として起きたものなのです。

その牧口さんより、「現在、創価学会に対して、どのように考えておられるのか」、あるいは、「当会に対して、どのように考えておられるのか」等、何か参考になる

ことを聴《き》くことができれば、ありがたいと思います。先ほどは守護霊を呼びましたが、今回は、亡くなっている人なので、ご本人が出てくれるのではないかと思います。

この人に上手に訊《き》けば、もしかしたら、当会の、位置づけというか、本当の使命まで分かる可能性があると推測しています。「まだ隠《かく》されている部分があるのではないか」ということが感じられます。悟《さと》りを開いた当初、私は、日蓮宗《にちれんしゅう》系統ともそうとう縁《えん》が深かったのですが［注1］、そこには、何らかの意味があったのではないかと推定しております。

牧口さんとは、霊言というかたちで接触《せっしょく》したことはないので、どうなるかは分かりませんが、予想するに、文鮮明守護霊ほど〝すごく〟はないと思います。「常識的な人ではないか」と推定していますが、話しているうちに、だんだん変化してくることもないとは言えないので、いちおう、本心を突《つ》き止めるところまでは、やらないといけないかと思います。

創価学会には功罪両面があるでしょうが、彼は、その原点の部分に当たります。私は、「創価学会は途中《とちゅう》から変節した」と考えていますが、源流にも問題があるかもしれません。それは、探ってみないと分からないところがあります。

私のほうは、最初、この人と思われる霊との接触があったのですが、その後、三十年近くご縁がない状態です。今、どのような考えを持っているのか分からないので、そのあたりを聴いてみたいと思っています。

〔注1〕一九八一年三月二十三日、霊的に覚醒《かくせい》したとき、最初に自動書記で「イイシラセ」という霊示を降ろしてきたのは、日蓮の六老僧《ろくろうそう》の一人、日興《にっこう》であった。その後、約一年間、日蓮が指導霊役を務めていた（『太陽の法』『宗教立国の精神』〔共に幸福の科学出版刊〕参照）。

2　天上界《てんじょうかい》から、創価学会をどう見ているか

大川隆法　では、呼んでみます。

（瞑目《めいもく》し、合掌《がっしょう》する）

幸福の科学指導霊団《しどうれいだん》よ。どうか、われらを護《まも》りたまえ。
われらを加護したまえ。われらを導きたまえ。われらが結界を護りたまえ。
幸福の科学指導霊団よ。どうか、われらが結界を護りたまえ。

（約十秒間の沈黙《ちんもく》）

創価学会初代会長、牧口常三郎の霊よ。どうか、幸福の科学総合本部に降りたまいて、われらにその本心を明かしたまえ。

創価学会初代会長、牧口常三郎の霊よ。幸福の科学総合本部に降りたまいて、われらにその本心を明かしたまえ。

われらに、あなたの考えるところ、創価学会についての意見、また、幸福の科学に対する意見等がありましたら、率直にお述べくださることを、心より希望いたします。

ご指導のほど、よろしくお願い申し上げます。

（約一分間の沈黙）

牧口常三郎　んっ。

B――　失礼いたします。牧口常三郎先生でいらっしゃいますでしょうか。

牧口常三郎　うーん。今、〝大捕り物《おおとりもの》〟をやっていたようなので、私は「刺身《さしみ》のつま」ですな。

B――　とんでもないです。

牧口常三郎　もう出番がないのではないかと。

B――　いえ、とんでもないです。

牧口常三郎　私には、あれほどの迫力《はくりょく》はございませんので、ええ。

Ｂ――　今日は、牧口先生からお話を聴《き》く機会をいただき、たいへん光栄でございます。私《わたくし》は、月刊「ザ・リバティ」（幸福の科学出版刊）編集長の○○と申します（収録当時）。私《わたくし》は、牧口先生と同じ新潟県《にいがたけん》の出身でございます。

牧口常三郎　うーん、そうかい。新潟県からは、偉《えら》い人がよく出るもんだなあ。

Ｂ――　田中角栄《たなかかくえい》先生や庭野日敬《にわのにっきょう》先生など……。

牧口常三郎　まあ、みんな揃《そろ》いも揃って、独学の苦労人ばっかりだな。

Ｂ――　私《わたくし》など、まだ苦労が足りておりませんが、本日は、よろしくお願いいたします。

牧口常三郎　うん。

B――　まず、牧口先生にお伺《うかが》いしたいことが二点ございます。

一九三〇年に、牧口先生が創価教育学会として創立された創価学会は、二〇一〇年現在、大を成して、日本有数の宗教団体となっております。これについての率直な感想をお聴かせいただきたいと思います。

もう一点は、一九九一年、日蓮正宗《にちれんしょうしゅう》の在家団体であった創価学会は、総本山より破門され、現在は、自分たちで御本尊《ごほんぞん》を制定し、それをコピー（複製）して信者に配布しているという状況《じょうきょう》でございます。これについても、ご感想を賜《たまわ》れれば、幸いでございます。

牧口常三郎　君、最初から、切れ味が、なかなか鋭《するど》いじゃないか。

B――　とんでもないです。

牧口常三郎　なかなか切れるじゃないか。新潟県人？　切れるじゃないか。それだけ聴けたら、十分、ニュースバリューはあるだろうな。

B――　よろしくお願いいたします。

創価学会は、私の考えた教育論の系譜《けいふ》を引いてはいる

牧口常三郎　さすが、大編集長だな。
　今の創価学会をどう見ているか、私の口から言わせるというのは、大変なことだよな。

まあ、言葉の一つひとつが重いし、それを読む者たちも、外部の者と、創価学会のなかにいる者と、それから本山のほうにいる者とでは、みな読み方が違《ちが》うであろうから、言葉を選ぶのがたいへん難しい。

ただ、ここ（幸福の科学）では、嘘は通用しないだろうし、先ほどの人みたいに、あまりお手間を取らせては申し訳ないから、逃《に》げ隠《かく》れしないで、本心を早めに語っておいたほうがよいだろう。

ま、私の戦前の考えとしては、もちろん、最初は、宗教を起こすつもりがあったわけではなく、新しい教育体系をつくって、教育の革新運動をやろうとしていたんだ。

私は、あなたがたにご縁《えん》のある白金小《しろかねしょう》の校長もしていたのでね。その意味で、創価学会というのは、もとは、校長仲間とか教員仲間とか、そうした教師たちを集めてやっていた、教育法についての勉強会のようなものが広がっていったものだし、「新しい価値創造体系をつくり、新しい価値を創造する教育をつくろう」というようなことを提唱していたんだ。

しかし、時期が悪くてね。戦前は、いわゆる天皇制国家、神道《しんとう》の一元化が進んでいたので、共産主義などと同じように弾圧《だんあつ》を受けて、獄死《ごくし》するに至ったわけだ。

教育も、国家の手にすべてが握《にぎ》られていて、教育勅語《きょういくちょくご》の下《もと》、一元管理されていたので、「新しい価値を創造する教育をつくる」ということ自体が、ある意味で、国家反逆罪に相当していたのかな。

宗教は、明治以降、急速に、天皇制を中心とした国家神道に傾《かたむ》いてきていて、神道系の教派《きょうは》神道まで弾圧されていたような状況であったので、宗教ではなく、教育運動というかたちでやっていたんだけれども、それでも逃げることができずに捕《つか》まって、やられてしまった。「教育勅語に基づく教育体系に対する、反逆に当たる」ということであったのだろう。

ま、そういうところから始まっている。

私は教育者として本も書いたしね。学歴はなかったけれども、いろいろな先生の門を叩《たた》いて、独学で勉強しながら本を出し、ベストセラーになったものも一部にはあった。そうして知られるようになり、教育者の間で信奉者《しんぽうしゃ》も出て、グループができたんだけれども、残念ながら、「私のあとに続いた者が、いわゆる日教組《にっきょうそ》になったわけではない」ということだな。

このように、創価学会のなかには、もともと教育運動の面がある。その一部は、創価教育として、小・中・高・大をつくって実践《じっせん》されている面もあるから、「私の教育論の系譜《けいふ》を引いているところはある」というか、「私の考えたものが、一部、引き継《つ》がれているかな」と思うことはあります。

大石寺《たいせきじ》との決裂《けつれつ》は、牧口常三郎（日興《にっこう》）の否定に相当する

ただ、あなたの言われた、「宗教としての創価学会を、どう見るか」というのは、核心的《かくしんてき》な質問だよな。ええ。核心を突《つ》く質問で、これは、本当に、慎重《しんちょう》に慎重に答えないといけない。答え方によっては、四面楚歌《しめんそか》になるであろうから、慎重にし

なければいけない。

正直に言って、創価学会の現在のあり方というか……。うーん、ま、本山と決《けつ》裂《れつ》したあたりかな。総本山の大石寺《たいせきじ》と決裂したあたりからは、私は正直に言って、「宗教としての創価学会というのは邪教《じゃきょう》だ」と考えております。

というのは、もうすでに一部の人はご存じだと思われますが、私は、現代では牧口常三郎という名で生まれましたけれども、私の過去世《かこぜ》は、日蓮の六老僧の一人の日興《にっこう》であります。

日興が、いわゆる大石寺の開祖《かいそ》ですね。ですから、大石寺を開いて祀《まつ》られているのは、牧口常三郎そのものです。

ですから、「大石寺を外護《げご》するための創価学会」ということであってね。在家団体として、これを世間から護ったり、いろいろな寄進やお布施《ふせ》等をして、全国にお寺を建てて回ったりしているうちは、創価学会も、まあ、一定の機能を果たしていたし、宗教的に見て、そうおかしいと思わない面もありました。けれども、本山と決裂したあたりからは、私は、やはり、肯定《こうてい》できないというか、それを肯定すると、私自身の自己否定に相当してしまうと思いますね。

だから、「在家の講《こう》が、本山と決裂して宗教団体を名乗り、政治と事業活動を中心にやっている」ということに対しては、残念な面が多い。

また、宗教教育において、一部、私の理想は残ったかもしれませんが、「その宗教教育のなかにおいても、やはり、少し間違ったものが入っているのではないか。私のいう創価教育とは違うものが入っているのではないか」という感じがしないでもないね。

私が、大川隆法さんに、最初の通信をお伝えしたのは、確か、創価学会が本山と大騒動《おおそうどう》を繰《く》り広げているころだったと思います。私は、そのころ、「もう、創価学会は、国の将来にとって害あって益なし」という判断をしたので、「何とか、次のものをつくらなければいけない」ということで、意見を申し上げたのです。

ちょうど、ご父君《ふくん》（筆者の実父・善川三朗名誉顧問《よしかわさぶろうめいよこもん》）が、私の過去世の同僚《どうりょう》であった、六老僧の一人の日朗上人《にちろうしょうにん》であり、ご縁もあったので、最初は、「何とか、日蓮宗系の誤りを正してもらいたい」という気持ちもありました。

しかし、その後、あなたがたの使命は、もっと大きいものであることが分かってきたので、日蓮宗の立て直し運動のようなものにあまり引っ張り込《こ》むのはよくないと思って、だんだん、遠慮《えんりょ》してきた状態ではあります。

ただ、幸福の科学の最初期《さいしょき》において、私は、「創価学会を乗り越《こ》えてほしい」という気持ちを持っていました。

二代目会長の戸田君以降、創価学会はおかしくなった

先ほど、「大石寺の外護団体としては機能した」という意味のことを言いました。ま、本山と対立する前ですけれどもね。一部は機能していたのは、そのとおりですが、やはり、「一部は堕落《だらく》していた」という感じはありますね。

「大石寺に奉納《ほうのう》する」と称《しょう》して、在家の人たちからお金を集め、一部というか、

自分たちの懐《ふところ》にそうとう入れたところはあるわね。このなかに、あまり望ましくない形態があったと感じております。

戸田君のあたりからが、やっぱり、おかしいですね。

戦前、天皇制や国家神道の下で、あれほど、痛めつけられて、苦しんだのに、折《しゃく》伏《ぶく》大行進のあたりから、露骨《ろこつ》な他宗排撃《はいげき》をやって、ほかの宗教をみな否定し始めた。羹《あつもの》に懲《こ》りて膾《なます》を吹《ふ》いたかどうかは知らんけれども、やはり、考え方に問題があったのではないかねえ。

もちろん、その典拠《てんきょ》は、日蓮聖人自らの御書《ごしょ》のなかにあるとは思う。他宗排撃的なものが、そうとう入っていたので、そこだけを取り出せば、そういうことになるだろうけれども、まあ、それは、どちらかといえば、やはり、「悟《さと》りの不十分なところであったのではないか」と思うね。

日蓮宗は、鎌倉《かまくら》仏教のなかでは後発で、いちばん最後に起きたものであり、そのころには、先発の仏教諸派がかなり隆々《りゅうりゅう》としていたのでね。「後発のものが、先発のものを批判しながら出てくる」というのは、常套《じょうとう》手段ではあるので、そういう時代的なものを割り引いて考えねばならんところはあったかなあと思います。

ただ、「四箇格言《しかかくげん》」［注2］のようなことを、そのまま現代においてやったら、やはり、問題はあるわな。

幸福の科学は、「こうした日蓮的な悟り、すなわち、『仏教の法華経《ほけきょう》だけが正しい教えであり、ほかの教えは間違っている』というような考え方は、釈迦の考えではない」ということを明らかにしていると思うんですよ。そういう意味で、幸福の科学は、仏教の再興というか、仏教の垢落とし、錆落としかな？ そういうことも、使命として持っているんだろうと思う。

［注2］日蓮が、他宗を折伏するために唱えた、「念仏無間《ねんぶつむけん》、禅天魔《ぜんてんま》、真言亡国《しんごんぼうこく》、律国賊《りっこくぞく》」の四つの句のこと。

創価学会の歴代会長で天国に還《かえ》っているのは、牧口常三郎だけ

今、私は、あなたがたを非常にせかせて、拡大・膨張《ぼうちょう》に向かわせているみたいで、たいへん恐縮《きょうしゅく》だと思っておるし、政治運動等もかなり苦労なされているようで、たいへん申し訳ないと思っておるんだけれどもね。

しかし、現在の創価学会が、日本最大の教団で最大勢力を持っていることが既《き》成《せい》事実になって、「日本の宗教の代表のように思われている」というのは、やはり、よろしくないことだと私は思います。

創価学会は、政治的にも、ある程度、力を持っておりますので、正しい宗教を新たに起こすならば、やはり、この部分も乗り越えていってもらわなければいけません。「政治は、創価学会の〝治外法権〟であり、政治をやれる宗教は、日本に一つしかない」という状態は望ましくないと思っております。

だから、私は、すでに三十年ほど前から、大川隆法さんが、現在の幸福実現党

のようなことをされるのは、予想済みではありました。「まず宗教的に大を成して、先発の宗教を抜《ぬ》いていき、最終的には、創価学会の政治的なところにも、ある程度、修正をかけなければならない」という気持ちを持っておりましたね。

日蓮自身が、国家に諫言《かんげん》し、間違っているところを正す仕事をされていたので、宗教が政治性を持つこと自体が悪いとは、私は言わない。あなたがたがやっていることも、そういうことでしょう？　あなたがたも、政府の間違っているところについて意見を言って、諫言しているよね。これは、日蓮がやったことと基本的に同じだと思う。これは、いいんだ。

けれども、公明党がやったことのなかには、権謀術数的《けんぼうじゅっすうてき》なもの、あまり天国的ではないものが、そうとうあったと思うし、ダーティーなものが、かなり流れている。やはり、これには、浄化《じょうか》しなければいけないところがあると私は思うね。

ま、私だけですよ、天国に還っているのは。戸田君以下、歴代会長は、みな地獄に行っている。池田も、地獄に行くと思うよ、もうすぐ。

だから、直しておきたいんだよ。あとの会長とか理事長とか、後輩たちがみな地獄に行くようなことは、やはり、避《さ》けたいと思う。

創価学会は解散すべきだ

いちばんの問題はね、「戦前、弾圧された」という意味での、被害《ひがい》意識があるのは分かるんだけれども、組織が大きくなると、今度は逆に、被害を受ける側から、被害を与える側に変わってきて、攻撃性《こうげきせい》を増してくるんだね。「被虐性《ひぎゃく》」のあったものが、「加虐性《かぎゃく》」を持ってくる。創価学会という教団には、こういう面が強いと思うな。

だから、嫌《きら》われていると思うよ、正直に言ってね。「嫌われているものが大きくなっている」ということで、やはり、そこには、宗教的な正統性が十分にはないように思うね。

特に、大石寺と決裂以降、在家の講が、宗教団体として、政治を運営しながら、金集めをしたり、あるいは、偽本尊《にせほんぞん》や偽教義、偽葬式《そうしき》等でもって、大勢の人々をごまかしたりしていることは、あまり望ましいことではないですな。

やっぱり解散すべきですね。私は、そう思います。その意味で、「創価学会をナンバーワンにしておいてはならない」と思うのですが、あなたがたに、あまりに重い使命を与えることになってしまって、なんだか、申し訳ないです。

B――　いえ、とんでもないです。たいへん率直にお話しいただき、ありがとうございました。

牧口常三郎　結論は、先にはっきりと言っておきます。これと、もう一つ、なんか言ったかなあ。「創価学会をどう思っているか」と、もう一つは何《なん》だったか。

B――　もう一つの質問にも、お答えいただきました。

3　幸福の科学と「法華経《ほけきょう》の真髄《しんずい》」との関係

B――　次に、幸福の科学について、お聴《き》かせいただきたいと思います。牧口先生は、当会の善川三朗名誉顧問《よしかわさぶろうめいよこもん》と、過去世《かこぜ》において、ご縁《えん》があった関係で、一九八一年三月、日興上人《にっこうしょうにん》として、大川総裁に、「イイシラセ」というメッセージを送られたわけですが。

牧口常三郎　ええ、幸運なことに、私が、最初の自動書記というか、最初に通信を送る役割を仰《おお》せつかってね。ま、一日だけですけど（笑）。光栄なことに、そういう役割を仰せつかりました。

大川隆法さんが下宿していた家が、ちょうど日蓮宗《にちれんしゅう》だったのでね。確か、日蓮正宗だったんじゃないかな？　南無妙法蓮華経《なむみょうほうれんげきょう》をやっていたようだから（笑）、まあ、そんな縁もあって、出やすかったんだけどね。

Ｂ――　そうでございましたか。来年の三月で、ちょうど三十年になります。

牧口常三郎　ああ、そうだねえ。

Ｂ――　それで、もう一点、お伺《うかが》いしたいことがあります。

先ほどのお話で、「善川名誉顧問とのご縁もあって、大川総裁に最初の通信を送られた」ことや、「創価学会に代わる存在として、幸福の科学に期待された」ということは分かったのですが、この幸福の科学という団体は、まさに、牧口先生や日興上人が研鑽《けんさん》された「法華経」でいうところの久遠実成《くおんじつじょう》の仏、つまりエル・カンターレがつくられた団体でございます。

牧口常三郎　そうなんだ。

B——　牧口先生は、主エル・カンターレを、どのようにご覧になっておられるのでしょうか。また、主がつくられた幸福の科学は、単に「創価学会に代わる存在」とだけとは言えないと思いますので、幸福の科学の役割、使命等について、どのようにお考えなのか、お聴かせいただきたいと思います。

なぜ、法華経《ほけきょう》は人気があるのか

牧口常三郎　まあ、仏陀《ぶっだ》の教えには、八万四千《しせん》の法門《ほうもん》があると言われているし、「大蔵経《だいぞうきょう》」という、一生かかっても読み切れないほどのお経がありますからね。そのなかから法華経《ほけきょう》を選び出して、「これがいい」と言うのは、構わないと思うけれども、「法華経しかない」という言い方、あるいは、「仏陀の教えは、これだけが本物で、あとは全部偽物だ」という考え方のなかには、間違いが入っている。明らかに間違っているわね。

そのほかの、華厳経《けごんぎょう》であろうが、般若心経《はんにゃしんぎょう》であろうが、やはり、仏陀の教えを反映していますよ。だから、その考えは、明らかに間違っている。

ただ、好みとして、「法華経がいちばん好きだ」というのはあってもいいし、実際、歴史的に見ても、法華経は、人気のあるお経だよ。

法華経自体は、創価学会が始まる以前から、もともと人気があり、実は、日蓮の時代より前の平安時代にも、貴族の間で非常に人気のあるお経の一つでした。もう、中国からは渡ってきてましたからね。

人気のもとはね、まあ、先ほど毒グモ（文鮮明守護霊《しゅごれい》）を相手にしておられたようだけれども、一つは、やはり、「仏性論」をきちんと説《と》いているところが大きいんだよ。「人間に仏性がある」ということを、法華経は説いているのでね。

つまり、このお経には「人間には仏性があり、修行によって、その仏性を磨《みが》いていけば、あなたも、いずれ仏になれる」というような「授記《じゅき》」がかなり説かれている。そういう未来予言を、釈迦が弟子《でし》たちに与《あた》えているところがあるので、人々に、「悟《さと》りを開いて、仏になれる」という希望の原理を与えている。人気の秘密の一つは、ここだね。

あとは、「法華七喩《ほっけしちゆ》」といって、法華経には有名なたとえがたくさんあり、文学的で詩的だし、仏教文学のなかでは、いちばん上手にできているところがあるので、古文を勉強する者としては、非常に魅力的《みりょくてき》なお経ではある。ただ、たとえはたとえであってね、法華経が尊いことを言おうとしているのだが、何が尊いかについては語っていない。それは、たとえの限界ではあるが、文学性の高いところが、一つにはあるわね。

「久遠実成《くおんじつじょう》の仏陀《ぶっだ》」という思想が出たために、仏教は世界宗教になれた

それから、法華経のなかには、「迹門《しゃくもん》」と「本門《ほんもん》」というものがあってね。いろ

いろと解説しているもののあとに、「本門」が出てきて、そのなかには、ほかのお経にはないことが出てくる。それが、今、君の言ったことだけれどもね。「久遠実《くおんじつ》成《じょう》の仏陀」という考えが、後半に出てくるわけですよ。

それまでのお経では、仏陀は、歴史上の仏陀であって、「仏、かく語りたまいき」というかたちで書かれている。すなわち、「実在の仏陀、人間として生きた仏陀が、シャーリプトラ（舎利仏《しゃりほつ》）やアーナンダ（阿難《あなん》）など、周りにいた弟子に向かって、こういうことを語った」という形式になっている。

「迹門」というのは、まあ、この世的な入り口の部分の教えですけれども、それに対して、法華経のなかで、初めて「本門」という教えが出てきた。そのなかで、「仏陀は、今回初めて悟りを開いたわけではない。実は、永遠の昔から、悟りを開いた存在だったのだ」ということが語られているんですね。

これは、仏教のお経としては、非常に革命的な内容なんですね。この教えがなかったら、実は、仏教は、キリスト教に滅《ほろ》ぼされていたはずです。

イエスは二千年前に生まれましたが、「イエスが最初の教え主である」というだけなら、キリスト教は、それ以前の部分については、カバーできないね。

しかし、「イエスに天なる父がある」という思想、あるいは、造物主、創造主の思想があるために、キリスト教は、宗教としての永遠性を持っているわけですよ。イエスが、不完全な人生を生きたとしても、「造物主がある」「創造主がある」ということでもって、すべてがカバーされるわけだね。

一方、仏教には、それがなかった。「釈迦以前、二千五百年より前は、どうだったのか」というと、インドは、もう「ヴェーダ」の時代ですよ。バラモン教だね。バラモン教の時代がずっと続いているなかに、仏陀が、二千五百年前ぐらいに、ポッと出た。バラモン教の時代自体は、どう見ても八千年やそこらは続いていますので、その何千年も下《くだ》ったところで、まあ、中流域よりも、ちょっと下流かな? 川で言えばね。中・下流あたりのところで出てきた存在が、仏教ですし、しかも、根本神の部分にあたる思想がありませんでしたのでね。

釈迦の当時、六師外道《ろくしげどう》と言われるぐらい、ライバル教団がたくさんあったなかで、結局、釈迦教団は、マガダ国の有力教団の一つにしかすぎなかったわけだね。

歴史的には、文献的《ぶんけんてき》には、そういうことになるわな。

しかし、法華経は、その後半で、仏陀を、「久遠実成の仏陀」として、「永遠の仏陀」として、たたえているね。この「永遠の仏陀」としての使命を得たことによって、仏教は、いわゆる世界性を帯びてきた。つまり、仏教が世界宗教になれる余地が出てきたのは、ここの部分なんだね。

素人《しろうと》にも分かるように、もう少し簡単に言えば、「『人間には仏性があり、あらゆる者は、ダイヤモンドの原石で、悟る可能性がある、仏になる可能性がある』ということを保証し、勇気の原理を与えた」ということ。

それから、「『釈迦は、菩薩《ぼさつ》として修行して菩提樹下《ぼだいじゅげ》で悟りを開き、仏陀となった。そして、それ以降、その教えが広がった』ということになっているが、実は、そうではない。人間として生まれた仏陀は尊いけれども、仏陀の本質は、実は『久遠実成』であり、大昔から、『大宇宙の真理』として、あり続けた存在なのだ」ということ。

「久遠実成の仏陀」ということを説くことによって初めて、仏教は世界宗教になりえたし、キリスト教に完全に支配されないで済むだけの宗教が出来上がったんだね。

キリスト教が日本を支配できない理由の一つは、ここにある。日本神道だけだったら、教えの部分が足りないので、キリスト教が日本を支配することは可能です。しかし、仏教のこの思想があるために、つまり造物主や永遠の神に当たる思想を持っている法華経の影響力《えいきょうりょく》が非常に強いために、論破できないでいるわけね。

これが、やはり魅力の一つだね。まあ、そういう意味で、「法華経は大事な教えだ」ということは、言っても構わない。

ただ、大部分の人にとっては、法華経を読むかぎり、たとえ話と、「法華経は素《す》晴《ば》らしい」という賛嘆《さんたん》の言葉ばかりが溢《あふ》れていて、いったい何が素晴らしくて、いったい「何をせよ」と言っているのか、分からないことが多い。

法華経自体は、ドラマ仕立てで、戯曲風《ぎきょくふう》に編纂《へんさん》されているので、実際は、いろいろな所で上演されていたものと推定されている。庶民《しょみん》に分かるように、たとえ話がたくさん間に入っていて、実は、演劇の場面がつくれるように、できているんですね。

法華経《ほけきょう》以外の教えを排斥《はいせき》する「一神教的考え」は間違《まちが》い

中国の天台智顗《てんだいちぎ》などは、「そちらよりは、諸法実相《しょほうじっそう》のところが大事なんだ」というような言い方をしている。

諸法実相《しょほうじっそう》の「法」というのは、インドの言葉では「ダルマ」になるけれども、これは、哲学的《てつがくてき》には「存在」という意味だね。つまり、諸法実相とは、「この世のあらゆる事象のなかに、仏の実相、あるいは宇宙の実相が宿っている」ということだ。

天台智顗は、「諸法実相の教えが尊い」ということで、その部分を法華経《ほけきょう》から抜《ぬ》き出し、それと、一念三千論を組み合わせて、「法華経こそ最高のお経だ」というようなことを導き出したわけだな。

天台智顗自身は、ほかのお経を批判したのではなく、要するに、仏教の段階論を説いていた。まあ、彼らの時代には考古学などなかったからね。釈迦の教えを分析《ぶんせき》し、教相判釈《きょうそうはんじゃく》をして、「仏教にはいろいろな段階があるが、最後の教えは法華経に違《ちが》いない。これが、霊鷲山《りょうじゅせん》で最後に弟子たちに説いた晩年の教えだ」という判定を下して、「これが最も尊い」と考えたわけだ。

これには、やはり、間違いはあったと思われるけれども、このへんを論拠《ろんきょ》にして、法華経教団が隆盛《りゅうせい》を極《きわ》め、現代でも、法華経を所依《しょえ》とする教団が数多くあるわけだね。

法華経は、日蓮宗を中心として、日蓮宗以外でも読まれている。禅宗《ぜんしゅう》の道元も、只管打坐《しかんたざ》といって、「ただ坐《すわ》れ」と言っておりながら、法華経を一生懸命《いっしょうけんめい》読んでいるからね。道元も、法華経と、あとは、老荘思想をしっかりと読んでいます。やはり坐禅だけしてはいられないよね。少しは勉強しないといけないから、彼は、老荘思想と法華経をしっかり読んでいますよ。

そういう意味で、法華経は、仏教思想、仏教哲学、仏教文学の中心の一つであることは事実であり、その点で、「法華経をたたえ、押《お》し進める」という考え方を否定しないけれども、ほかのものを全部排斥《はいせき》するような、一神教的な考えに持っていくのは間違いだろうと思うね。

幸福の科学は、創価学会を乗り越《こ》えることを運命づけられた団体

まあ、そういう、「久遠実成の仏陀」という考えがあるので、幸福の科学が、今、永遠の仏陀とか……、なんて言うんだね？　永遠の仏陀以外にも、何か言い方があった？

B――　主エル・カンターレです。

牧口常三郎　まあ、そうした、いわゆるキリスト教的な仏陀観だね。キリスト教の神に当たる仏陀観、あるいは、キリスト教やイスラム教の神を超《こ》える部分を持った仏陀観を出しているので、今、仏教の一派のように名乗れているのだろう。その意味で、幸福の科学の仏陀観は、他のものを完全に否定するものではないだろうと思うね。

ただ、法華経をやっている人のなかには、ほとんど漢文を学んでいるだけというような人も多いので、残念ではあるがね。たぶん、法華経団体の人たちも、「日蓮が出て霊言をしたら、法華経解釈をするだろう」と想像するほどに、時間が止まっているだろうね。

一二〇〇年代で時間が止まっていて、「日蓮が、現代まで、霊として生き続けていて、世相の移り変わりを見ている」ということを理解できない人たちが、ほとんどだろうからね。

まあ、そういう意味で、幸福の科学は、創価学会とは愛憎《あいぞう》を含《ふく》む関係かとは思うけれども、まったく関係がないわけでもない。改革を託《たく》されておりつつも、あなたがたの根拠の一部になっているところもあるんだということだね。

高橋信次という人も、幸福の科学の最初のころに、出てきておりますけれども、彼は、親戚《しんせき》一同、きょうだいまでが、創価学会員だった人です。

彼は、創価学会に入って、おかしくなった人をたくさん見ていましたのでね。一族に、ちょっと変なことをする人がたくさん出てきたため、創価学会批判を開始したのです。それで、ＧＬＡ系の人たちには、創価学会を批判する傾向《けいこう》があるんですね。

まあ、だから、彼の仏教知識といっても、そのほとんどは、創価学会員の身内から聞いた仏教知識であって、それを基《もと》にして創価学会を批判しているし、逆に、その知識を利用して、仏陀を名乗ったところもあると思う。

この創価学会とＧＬＡの両方とも、一部の真理を含みつつも、間違いを含んでいた流れであって、まあ、弁証法的にいうならば、正《せい》・反《はん》・合《ごう》の、「合」の部分として、幸福の科学が出てきているということかな。

だから、幸福の科学は、創価学会やGLA等を超えていくことを運命づけられている教団だと思うね。

B――　そうしますと、要するに、「法華経の誕生で、世界宗教としての思想的条件を備えた仏教は、今回、主エル・カンターレの教えとして、さらにスケールアップし、キリスト教、イスラム教をも統合していく。幸福の科学には、そうした大きな使命がある」と理解してよろしいでしょうか。

牧口常三郎　うん。まあ、そうだね。法華経には、今言ったように尊いところがありますけれども、現代語訳して要約してみたら、世界の人たちをそれで帰依《きえ》させるには、やはり、ちょっと無理な面がありますよ。すべての救済にはならないのでね。

創価学会もそうだろうが、結局、「お題目を唱えていれば、万病に効く」みたいな、そういう〝正露丸のような教え〟になっているよね。そうやって、ごまかすしかないわけだな。だから、「ガンを治したいなら、法華経を百万遍唱えなさい」みたいな教えにしかならないわな。それは、原始の釈迦の教えを理解できていないからだね。

まあ、お寺の坊《ぼう》さんが、漢文で飾《かざ》って飯を食っているのと同じような論理が、創価学会にもあるわね。

それと、やはり、この世的な欲が強かったので、悪霊系統にかなり入られていると思う。今の団体は、数十年にわたって悪霊に入られているので、残念だけれども、「語るに足らず」というところはあるかな。

B――　はい、分かりました。

4　幸福の科学と創価学会の違《ちが》いとは

司会　私《わたくし》のほうからも、質問させていただきたいと思います。私は、〇〇と申します。

牧口常三郎　ああ、そうですか。

司会　本日は、本当にありがとうございます。

牧口常三郎　ああ、お世話になってますね。ええ。

司会　当会は、世間から、統一協会や、その他の新宗教と同じようなイメージで見られているようです。そこで、世間一般《いっぱん》の人々に、当会の「違《ちが》い」というものをPRしようとする場合、どのように説明をすればよいでしょうか。これについて、牧口先生から、お話をいただければ幸いでございます。

創価学会には「霊能《れいのう》」と「現代的な教え」がない

牧口常三郎　そりゃ、あなたがたは、つらいだろうよ。オウムと競争させられてみたり、統一協会と一緒《いっしょ》にされてみたりして、なかにいる人は悔《くや》しいだろう。

世間から見れば「宗教の主観性の問題」で、「どの宗教も自分のところが正しいと思っている」と理解されているし、「玉石混交のままで走っているのが宗教なのだ」と言われているんだろうけれども、そのままでは、あなたがたには、納得できないところがあるだろうね。

しかし、過去、いろいろと起きたように、異端審問《いたんしんもん》などをする邪教迫害型《じゃきょうはくがいがた》の宗教になり、極端な他宗排撃《はいげき》をやったら、自らも邪教になってしまう可能性があるのでね。まあ、ちょっと、つらいわね。

創価学会に関しては、あなたがたが「邪《よこしま》なるものを含《ふく》んでいる」と言っても、現に大《だい》を成して、日本の組織のなかに、もう完全に入り込《こ》んでいる。東京都の教員にも一割ぐらい入り込んでいるし、警察官にも、弁護士にも、裁判官にも、検事にも入り込んでいるし、公務員にも入り込んでいる。そのように、体制のなかに入り込めるだけ入り込んでいるから、極《きわ》めて巧妙《こうみょう》な戦略家がいたことは事実だな。

そういうこの世的な戦略家がいて、さらに大勢の人の力が加わって、八十年近くたったわけですからね。企業的《きぎょうてき》に見ても、「八十年もつ」というのは、そうとうなものです。「この世的にやれることは何でもやって、生き延びてきた」というところだろうね。

ただ、創価学会が、日本最大の宗教と言われているかぎり、あなたがたが、「究極の仏陀《ぶっだ》の教えだ」とか、「究極の救世主の教えだ」とか言っても、もう一つ、信用されないところがあるだろう。あなたがたには、その部分について、「何とか、すっきり霧《きり》を晴らしたい」という気持ちがあるだろうと思う。

しかし、選挙をやってみたところが、現実には勝てなくて、「やはり、創価学会のほうが、信者が多く、人々に信じられているのではないか。社会に定着しているのではないか。幸福の科学のほうがカルト宗教で、統一協会やオウムに近いのではないか」と、まあ、こういうふうに見られているかもしれない。今、そういうときに、当たっているわけだね。

つまり、この世的にも、もう一段、シンパが増えなければいけない時期だな。

でも、創価学会になくて、幸福の科学にあるのは、「霊能」の部分だよね。霊能の部分は、「秘《ひ》すれば花」で、隠《かく》しておれば、なかだけでは通用して、信者を増やしたり資金源になったりするんだけれども、外に出したら、信じていない人がたくさんいる。そこが、つらいところだわな。

ただ、そうは言っても、釈迦《しゃか》自体は霊能者であったことは事実であるし、現実に神通力《じんつうりき》を持っていたのは確実ですので、これは隠せないですよね。

だから、まあ、焦《あせ》ってはいけないけれども、「釈迦の当時、仏教は、幾《いく》つかある大教団、六大教団の一つぐらいにしかなれなかった」ということもよく認識し、また、「キリスト教も、イエスの時代には、大を成すことができなかった」ということも認識しながら、志《こころざし》を高く掲《かか》げて、長く活動しなければならないだろうね。

でも、逆の立場から見ればね。創価学会は、もう旧《ふる》くなってしまっているところがあって、幸福の科学がうらやましいんだよ。現代語で教えが説けて、新しい考え方をいろいろと打ち出しているでしょう? こういうことは、お経には載《の》っていないから、うらやましいかぎりだね。

創価学会が幸福の科学に抜《ぬ》かれるのは時間の問題

今はまだ、彼らは、「自分たちのほうが勝《まさ》っている」と思っているけれども、「いずれ負けるとしたら、その相手は、幸福の科学以外にないだろう」ということは、もう覚悟《かくご》している。そのため、十分に研究をして、防衛戦をやっている。

企業でいえば、「すでに先発している大企業が、あとから追いかけてきたものに、やられるかもしれない」というところだね。

例えば、ソニーが、松下電器の〝モルモット〟だった時代から大きくなっていって、松下、いやパナソニックか? その社長が、「ソニーさんはチャンピオンですから」みたいなことを言ったようだけれども、自分たちにも、そういう時代が来るのではないかと恐《おそ》れている。

「池田大作のX《エックス》デーが来れば、そのあたりを境《さかい》にして、引っ繰《く》り返っていくんじゃないか。雪崩《なだれ》を打って、あちらに行くんじゃないか」ということを、今、いちばん恐れているね。

現実に、マスコミもそう思っているし、会員もそう思っているし、世間にも、そう思っている人は多いわね。

創価学会の会長は、早死にすることが運命づけられているのに、まあ、よく生きたもんだとは思うよ。慶應病院が近かったおかげで、助かったんだろうけれども、いずれ時間の問題ではあろうからね。あそこよりも、二、三十年長くやれたら、引っ繰り返るのは確実だろう。

だから、今は、もう、あまり、そういう競争を考えなくてもいいかもしれない。とにかく、自分たちだけで、世を照らしていったほうがいい。やるべきことを進めていくことが大事かもしれないね。

先ほどの〝タランチュラ（毒グモ）宗教〟もそうだろうけれども、今、あなたがたは、そういう宗教の邪教性の部分を、ある程度、掃除《そうじ》しようとしているね。「そうしないと、日本人の宗教嫌《ぎら》いは直らない」というのも、一つの真理だろう。

まあ、統一協会も嫌われているけれども、もっと歴史があるのは、創価学会ですよ。これの嫌われている部分は、戸田からあとの、えげつないところだね。「煩悩《ぼんのう》を完全肯定《こうてい》し、欲望を増大させることを認める宗教なので、やりたい放題ですよ。

さらに、貧乏人《びんぼうにん》が金儲《かねもう》けできる宗教ですよ。政治を使って、利益誘導《ゆうどう》しますよ」と言って広げてきたわけだけれども、こういう部分が嫌われているね。

今、豊かな社会が出来上がって、創価学会の存在意義自体はなくなってきつつあるだろうと思います。人々が、もう一段、精神的なものを求める時期が来ておりますので、創価学会をあまり意識しすぎないで、自分たちの道を究《きわ》めていかれたほうがよいのではないでしょうか。

あなたは、「ザ・リバティ」の編集長だけれども、少なくともマスコミとの言論戦においては、十分優位に立ちつつあるじゃないですか。ね？　かなり折伏《しゃくぶく》しているようですから。

創価学会のほうは規模を誇《ほこ》っても、マスコミを折伏できない。折伏できないから、規模を誇っているところもあり、数とカネに、ものを言わせてやっているよね？　マスコミをカネで懐柔《かいじゅう》しているところは、現実には、そうとうありますよ。印刷代で脅《おど》したり、広告代で懐柔したり、いろいろしています。

一方、あなたがたは、正論で押《お》していますのでね。そうは言っても、人の心は嘘《うそ》をつけないから、やがて、違いは、はっきりしてくるでしょう。だから、逆転するのに、そんなに時間はかからないでしょう。

創価学会を見ても、聖教新聞の社員が多いけれども、新聞そのものが、もう、もたなくなってきつつある。ほかの一般紙というか、全国紙がもたなくなってきているぐらいですから、「聖教新聞を読みたい」という人など、今は、ほとんどいないというか、増える傾向《けいこう》にはない。

政党の支援者《しえんしゃ》に一生懸命《いっしょうけんめい》、聖教新聞を取らそうとしているけれども、だんだんと苦しくなってきているのでね。いずれ、こちらのほうから、財務的には逼迫《ひっぱく》してくると思う。

そして、宗教部門のほうは、現時点で、あなたがたと、力的には拮抗《きっこう》している状態なので、いずれ逆転する。本の売れ行きも違えば、新規信者の獲得力《かくとくりょく》も違っているので、引っ繰り返るのは、もう、だいたい見えている。

七十年、八十年の蓄積《ちくせき》が、今、効いているだけで、ほかの宗教が抜かれたように、いずれ、幸福の科学に抜かれていくだろうと思いますよ。

まあ、初代である私が、こういうことを言うのは、非常につらいことだけれども、「この宗教は、終わらせなければいけない」と思っています。

そして、「本山への信仰《しんこう》を持った信者が残れば、それでいい」と考えています。

だから、「創価学会そのものを、本山から分離《ぶんり》した宗教法人として、認めた」ということが正しかったのかどうか、疑問の余地はあるでしょうな。当時、与党《よとう》寄りしていたことが効いたんでしょうけれどもね。

あなたがたが、これから政治のほうで苦戦したり、不利に扱《あつか》われたりするのは、少し、かわいそうだなと思うけれども、まあ、しかたがない。宗教の差別化戦略をきっちり立てていかないかぎり、やはり最終的には、政治的な勝利はないだろうと思いますね。

幸福の科学は、他宗教を全部滅《ほろ》ぼすような宗教ではない

司会　もう一つ、よろしいでしょうか。

牧口常三郎　ああ。

司会　宗教の差別化と、宗教界全体の利益を護《まも》りながら導いていくことのバランスについては、どのように考えればよいでしょうか。

牧口常三郎　まあ、でも、いいんじゃないですか。「仏陀再誕《ぶっださいたん》が人々に認められて、日本が仏教国として、もう一回、イノベーションして隆盛《りゅうせい》を極める」ということは、仏教諸宗派にとって悪いことではないだろうしね。

それに、仏教と日本神道だって、習合《しゅうごう》してやってきたわけです。幸福の科学は、

日本の神様も肯定しているのですから、それは、彼らにとっても一種のイノベーションになるだろうし、「宗教を、もう一回、新しくつくり直して繁栄《はんえい》させる」ということにおいて、十分、共存できると思います。

一部、「破壊《はかい》と創造」は起きるだろうけれども、あなたがたは、神社の鳥居《とりい》を全部倒《たお》すつもりはないでしょう？　それから、四天王寺や薬師寺などを全部取り壊《こわ》すつもりもないでしょう？　中国の文化大革命のようなことを、やるつもりはないでしょう？　だから、大丈夫《だいじょうぶ》だと思うよ。

日本に「仏陀再誕」があったとして、また、それが世界に認められたとして、それで別に、日本人が不利益を被《こうむ》ることはないと思うよ。もし、それを世界に認めさせることができれば、朝鮮《ちょうせん》半島、中国、インド、それから、東南アジアの人たちに対する非常に強い求心力になるだろうね。

本当は池田が、そういうふうになりたくてあがいているのは、よく分かるんだけれども、まあ、やっていることが、残念ながら、そんなに上品ではないので、なれないでしょうな。そのくらいのことは、みな嗅《か》ぎ分けていると思うよ。

もうすぐ、あなたがたの時代が来るでしょう。もうすでに創価学会からも、ここに、そうとう人が来ていますが、これからも、たくさん来るだろうからね。やっぱり、彼らも宗教心を持っているし、「本物を求めたい」という気持ちもきっとあるだろうからね。

その過程で、ほかの宗教を全部滅ぼすようなことにはならないだろうけれども、一部、有害というか、世の宗教嫌いを増幅《ぞうふく》させているところについては、やはり、多少、手入れをしていくことは必要なのではないでしょうかね。

それをやらないようなお人好しであっては、やはり、いけないと思います。

ただ、創価学会の折伏教典《きょうてん》みたいに、「イスラム教もインチキ」「キリスト教もインチキ」「全部、邪教だ」と言うのは言い過ぎで、そこまでして自分たちの拡張を図《はか》ろうとすれば、やはり度が過ぎていると言わざるを得ないでしょうな。

司会　はい、ありがとうございます。

初代として、「創価学会の使命は終わった」と判断している

牧口常三郎　ハハ。まあ、幸福の科学に有利なことを言ったら、牧口だとは信じてもらえないだろうなあ。創価学会の人は信じたくなかろうけれども、これは、将来への布石として、大事な一手だろうと思うよ。

B──　本日は、牧口先生から、本当に素晴《すば》らしいお話を聴《き》かせていただきました。お志《こころざし》に沿うように頑張《がんば》ってまいります。

牧口常三郎　私も、創価学会を批判して、幸福の科学を持ち上げるようなことを言ったら、信用されないのは分かっているので、そういうことは言いたくはなかったんだけれども、実際、幸福の科学の初期から関係があったので、これについては否

定できない。

私には、六老僧《ろくろうそう》仲間の一人として、そういう使命が与《あた》えられていたし、それから、幸福の科学の初期の数年間、大川隆法さんが、本当に悟りを体得するまでの数年間は、われらが師・日蓮聖人《にちれんしょうにん》が中心的に霊的な啓発《けいはつ》をやっていたということを、大きな名誉《めいよ》だと思っていますのでね。

ま、それで十分、日蓮宗は残りますよ。

B——この事実をしっかりと広げてまいります。

牧口常三郎　いや、まあ、毒《どく》グモほど迫力《はくりょく》がなくて、すまなかったなあ。君は、あっちのほうに行ったほうが、よかったかもしれないなあ。

B——いやいや、とんでもないです（会場笑）。心が洗われました。

牧口常三郎　あっちに行って戦ったほうが、よかったんじゃないか。

Ｂ――　本日は、本当にありがとうございました。

牧口常三郎　いやあ、こんなんで、なかなか創価学会は倒れないかもしれないけれども、ただ、私の気持ちを、率直に述べたからね。嘘《うそ》はついていない。率直に述べたので。

初代としては、残念だけれども、「創価学会の使命は終わった」と判断しています。そのことを言わせてもらいます。はい。

司会・Ｂ――　ありがとうございました。

牧口常三郎　ええ。

あとがき

統一協会も活動している信者個人は、まじめで、優しくて、親切な人たちが多いことを私は知っている。彼らも文鮮明《ぶんせんめい》氏がキリストの再臨《さいりん》であってほしかったことだろう。そして、この世の無理解のみによって自分たちが迫害を受けていると信じたいことだろう。

『宗教決断の時代』は、信仰者にも厳しい選択の責任を迫るものである。しかし、その前には、適切な情報が与えられるべきだろう。

また、初代会長の牧口常三郎《まきぐちつねさぶろう》氏が、幸福の科学に、「創価学会の時代を終わりにしてほしい。」と頼んでいるなどと、創価学会員は、決して信じたくないだろう。しかし、一部の会員は、「本山への信仰に戻れ。」という意見を正論と考えるだろう。私たちの教団も日蓮聖人《にちれんしょうにん》とは縁の深い団体である。その行動力、政治性、宗教家としての勇気に学ぶことも多い。「諫言《かんげん》」を大切にする信仰上の美質に対し、本当のところを訴えたいのだ。

二〇一〇年　九月九日

幸福《こうふく》の科学《かがく》グループ創始者兼総裁《そうししゃけんそうさい》　大川隆法《おおかわりゅうほう》

『宗教決断の時代』大川隆法著作関連書籍

『国家社会主義とは何か』（幸福の科学出版刊）
『マルクス・毛沢東のスピリチュアル・メッセージ』（同右）
『アダム・スミス霊言による「新・国富論」』（同右）

宗教決断《しゅうきょうけつだん》の時代《じだい》 ──目からウロコの宗教選び①──

2010年 9 月30日　初版第 1 刷

著　者　大《おお》　川《かわ》　隆《りゅう》　法《ほう》

発行所　幸福の科学出版株式会社

〒142-0041 東京都品川区戸越 1 丁目 6 番 7 号
TEL(03)6384-3777
http://www.irhpress.co.jp/

印刷・製本　株式会社 サンニチ印刷

落丁・乱丁本はおとりかえいたします

ISBN978-4-86395-074-0 C0014

ザ・ネクスト・フロンティア

公開霊言 ドラッカー＆アダム・スミス

ドラッカーとアダム・スミスが、日本の自由を護るために再び降臨！ 経済素人の政権によって、この国を増税の底なし沼に沈めてはならない。

1,400円

未来産業のつくり方

公開霊言 豊田佐吉・盛田昭夫

夢の未来を、創りだせ――。日本経済発展を牽引したトヨタとソニーの創業者が、不況にあえぐ日本経済界を叱咤激励。

1,400円

救国の秘策

公開霊言 高杉晋作・田中角栄

明治維新前夜の戦略家・高杉晋作と、戦後日本の政治家・田中角栄。「天才」と呼ばれた二人が日本再浮上の政策・秘策を授ける。

1,400円

※表示価格は本体価格（税別）です。

大川隆法ベストセラーズ・霊言シリーズ

保守の正義とは何か

公開霊言　天《あめの》御《み》中主神《なかぬしのかみ》・昭和天皇・東郷平八郎

日本神道の中心神が「天皇の役割」を、昭和天皇が「先の大戦」を、日露戦争の英雄が「国家の気概」を語る。

1,200円

最大幸福社会の実現

天照大神《あまてらすおおみかみ》の緊急神示

三千年の長きにわたり、日本を護り続けた天照大神が、国家存亡の危機を招く菅政権に退陣を迫る！日本国民必読の書。

1,000円

日本を救う
陰陽師パワー

公開霊言　安倍晴明《あべのせいめい》・賀茂光栄《かものみつよし》

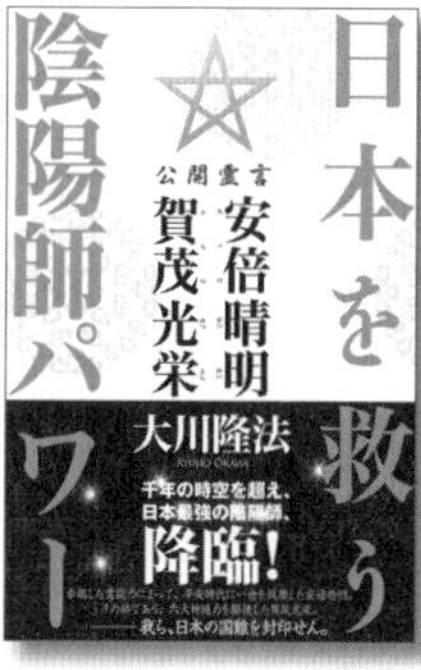

平安時代、この国を護った最強の陰陽師、安倍晴明と賀茂光栄が現代に降臨！あなたに奇蹟の力を呼び起こす。

1,200円

幸福実現党

小沢一郎の本心に迫る

守護霊リーディング

大川隆法　著

政界が、マスコミが、全国民が知りたかった、剛腕政治家の本心がここに。経済対策、外交問題、そして、政界再編構想までを語った、衝撃の１０９分。

・中国に対する考え方
・二大政党制の真の狙い
・「壊し屋」と言われる本当の理由
・政界再編の見通しについて　など

1,400円

世界の潮流はこうなる

激震！中国の野望と民主党の最期

大川隆法　著

オバマの下で衰退していくアメリカ。帝国主義に取り憑かれた中国。世界の勢力図が変化する今、日本が生き残る道は、ただ一つ。孔子とキッシンジャー守護霊による緊急霊言。

第１章　孔子の霊言――政治編
第２章　キッシンジャー博士の守護霊予言

1,300円

発行　幸福実現党
発売　幸福の科学出版

※表示価格は本体価格（税別）です。

幸福の科学

あなたに幸福を、地球にユートピアを――
宗教法人「幸福の科学」は、
この世とあの世を貫く幸福を目指しています。

幸福の科学は、仏法真理《ぶっぽうしんり》に基づいて、まず自分自身が幸福になり、その幸福を、家庭に、地域に、国家に、そして世界に広げていくために創られた宗教です。

「愛とは与えるものである」「苦難・困難は魂を磨く砥石《といし》である」といった真理を知るだけでも、悩みや苦しみを解決する糸口がつかめ、幸福への一歩を踏み出すことができるでしょう。

この仏法真理を説かれている方が、大川隆法総裁です。かつてインドに釈尊《しゃくそん》として、ギリシャにヘルメスとして生まれ、人類を導かれてきた存在、主エル・カンターレが、現代の日本に下生《げしょう》され、救世の法を説かれているのです。

主を信じる人は、どなたでも幸福の科学に入会することができます。あなたも幸福の科学に集い、本当の幸福を見つけてみませんか。

幸福の科学の活動

●全国および海外各地の精舎《しょうじゃ》、支部・拠点などで、大川隆法総裁の御法話拝聴会、祈願や研修などを開催しています。

●精舎は、日常の喧騒《けんそう》を離れた「聖なる空間」です。心を深く見つめることで、疲れた心身をリフレッシュすることができます。

●支部・拠点は「心の広場」です。さまざまな世代や職業の方が集まり、心の交流を行いながら、仏法真理を学んでいます。

幸福の科学入会のご案内

◆精舎、支部・拠点・布教所にて、入会式にのぞみます。入会された方には、経典《きょうてん》「入会版『正心法語《しょうしんほうご》』」が授与されます。

◆仏弟子としてさらに信仰を深めたい方は、三帰誓願式《さんきせいがんしき》を受けることができます。三帰誓願式とは、仏・法・僧の三宝《さんぽう》への帰依《きえ》を誓う儀式です。

◆お申し込み方法等は、最寄りの精舎、支部・拠点・布教所、または左記までお問い合わせください。

幸福の科学サービスセンター
TEL 03-5793-1727
受付時間 火～金：一〇時～二〇時
土・日：一〇時～一八時

大川隆法総裁の法話が掲載された、幸福の科学の小冊子（毎月１回発行）

月刊「幸福の科学」
幸福の科学の
教えと活動がわかる
総合情報誌

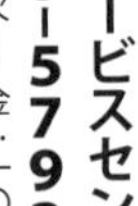

「ヘルメス・エンゼルズ」
親子で読んで
いっしょに成長する
心の教育誌

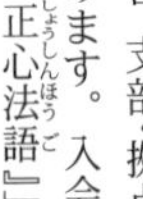

「ザ・伝道」
涙と感動の
幸福体験談

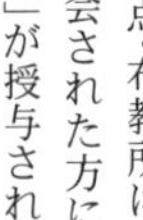

「ヤング・ブッダ」
学生・青年向け
ほんとうの自分
探究マガジン

幸福の科学の精舎、支部・拠点に用意しております。詳細については下記の電話番号までお問い合わせください。

TEL 03-5793-1727

宗教法人 幸福の科学 ホームページ **http://www.happy-science.jp/**